U0608218

中国历代谋臣系列

# 晏子

## 机智幽默的东方名相

江左辰　著

辽宁人民出版社

© 江左辰　　2024

**图书在版编目（CIP）数据**

晏子：机智幽默的东方名相/江左辰著 . —沈阳：
辽宁人民出版社，2024.2
（中国历代谋臣系列）
ISBN 978-7-205-10887-8

Ⅰ.①晏… Ⅱ.①江… Ⅲ.①晏婴（？—前500）—传
记 Ⅳ.①K827=25

中国国家版本馆 CIP 数据核字（2023）第 196136 号

出版发行　辽宁人民出版社
　　　　　地址：沈阳市和平区十一纬路 25 号　邮编：110003
　　　　　电话：024-23284191（发行部）　024-23284304（办公室）
　　　　　http：//www.lnpph.com.cn
印　　刷　河北朗祥印刷有限公司
幅面尺寸：145mm×210mm
印　　张：7
字　　数：120 千字
出版时间：2024 年 2 月第 1 版
印刷时间：2024 年 2 月第 1 次印刷
责任编辑：赵维宁　段　琼
封面设计：乐　翁
版式设计：一诺设计
责任校对：吴艳杰
书　　号：ISBN 978-7-205-10887-8
定　　价：39.80 元

# 序　言

春秋时代，诸侯征战，大国兼并小国，战火纷飞，百姓流离失所。在这个动荡不安的时期，各诸侯国涌现出一批运筹帷幄的优秀的政治家、思想家、外交家以及权臣谋士来辅佐国君。

这些人挥斥方遒，成就了自己的国家，也成就了自己的贤名，在乱世中一展抱负，拯救黎民百姓于水火。身材矮小的晏子就是这个时期优秀的弄潮儿。他在齐国政坛辅佐三任国君，谏言不断，机智幽默，三朝元老，功勋显赫，成为两千多年来名贯古今的大相国。

晏子侍三君而用一心，经历了曲折的仕途起伏，拼尽心思和满身才华，不仅在乱世安身立命，并且兼济天下。他初侍齐灵公，人微言轻，便顺势而为，听君吩咐，在自身平安的情况下，见机谏言。三年后晏子侍齐庄公，因为和庄公政见不合，以礼治国的谏言不被采纳，晏子辞官隐居。齐庄公被奸臣所害后，晏子复出辅佐年少的齐景公。

齐国政权由权臣和世家大族把持，朝堂混乱，晏子冷静而睿智，一心辅佐齐景公。齐景公年少，在晏子的辅佐和引导下，两人建立了一个勇于纳谏、一个敢于直谏的良好的君臣关系。晏子深知礼义，熟读夏商历史，他以夏商历史上的贤君和暴君为例屡屡直谏，严格督促齐景公做一个圣贤的君主。

齐景公随着年龄的增长，霸主的梦想日渐强烈。善于劝谏的晏子更是时常教导齐景公以礼治国、礼待诸侯。晏子凭着政治智慧和卓越的外交才能，为齐国在诸侯间争取了友好的关系，以其才能和一心为国的忠诚受到了齐景公的信任，被升任为齐国大相。

晏子兢兢业业地辅佐齐景公，君臣携手，一个善于纳谏，一个敢于劝谏，许多时候的对话令人啼笑皆非。二人奇葩组合，硬是开创了"景公复兴"这样的政通人和局面。晏子使齐国在齐景公当政时期取得了少见的繁荣和富强。

纵观晏子，其一生，似乎很少带兵打仗，因为这与他的政治思想相冲突。他希望并劝谏君王不要为了沽名钓誉，所谓霸业噱头就开始扩张、搞侵略、动干戈，因为最后只会损兵折将，消耗巨大，劳民伤财，得不偿失。

晏子是聪慧的，也是机敏的。他看得出当时的齐国江河日下，根本不具备春秋前期齐桓公称霸诸侯时的实力，从经济、国力、军队、朝廷内部力量等，都无法对外发动大规模战争，更不用说能击败晋国、楚国等大国。如果为了君王自己的虚荣和霸业虚名而妄动干戈，实属不智。

这是晏子的理性思考，从实际出发，没有被一些虚名所累。他终生都在提倡仁政，休养生息，稳固公室的地位和权威，辅佐三代齐公，数次化解危局，剪除齐国内部的大家族威胁公室的势力，从而维系了公室王族集权能够延续。晏子可谓功不可没。

晏子忠君爱国忧民，直言敢谏、廉洁从政、节俭守礼的为政品质和道德操守，使他在百姓中尽得爱戴，在诸侯中拥有好的声誉。他的为政态度和观点，也为后世的政治家所敬仰和推崇。

晏子求贤若渴，把为国家寻找人才、举贤任能作为自己的重要任务，其中，途中赎走越石父、御者夫妻、举荐田穰苴都是史上有名的故事。他还为国除暴斥佞，"二桃杀三士"就是一个典型的故事。晏子用"社鼠猛狗"比喻君主身边的谄媚小人，直谏君主谨防社鼠猛狗，劝其多亲近贤臣。

晏子为人正直，生活节俭，做官清廉。他为官几十载，留得千古大相的清名，并非虚名。史册上记载着晏子俭以修身的故事。他饮食粗简，穿衣朴素，就连齐景公都看不下去，多次赐衣赐房，却被晏子屡屡拒绝。晏子一生与老妻相守，不羡美色，家

风正气。他以身作则，教化百姓，于民间留下美谈。

但凡作书立传，都少不了美誉之词，但是，流传的晏子的故事都是真实发生的，可见，晏子的言行和他的品德都经得住历史和时间的考验。

在计划写此书时，笔者四处搜读了很多关于晏子的资料，也翻阅了许多书籍。不论是读在其中，还是下笔的时候，笔者都能感受到那个身材矮小，但是浑身透着灼灼光辉、一身正气、幽默机智、一心为民的晏子的魅力。

两千多年的历史飓风，吹不散晏子的精神和灼目风采。晏子的忠君之义、恤民之情，直抵人心，光耀青史。

# 目录

## 第九章　节俭清廉，千古留名

# 第一章

## 晏子家世及晏子其人

## 一、晏子家世

春秋后期，中国历史上，天下大乱，诸侯争霸，兵祸连连，逢乱世，人才辈出。各种军事家、外交家、思想家，所谓诸子百家，恍若星河灿烂，光亮夺目，那些彪炳历史的先贤力量，影响至今。周有老子，齐有晏子，鲁有孔子，郑有子产，晋有叔向，吴有季札，越有范蠡，等等。

千百年来，孔子是至圣先师，万世师表；老子是道教始祖，太上老君。而晏子可以说是这些先贤中人气居高不下、形象最为耀眼、最受人崇敬的一位。这是因为晏子智慧，勇敢，低调，直言敢谏，辅佐有方，功勋极大。

晏子是中国历史上著名的政治家、思想家、外交家，以有政治远见、能言善辩、力行节俭闻名。他忠君爱民、直谏有方、机敏善辩、节用俭朴的言行、事迹和情操，在各诸侯国和百姓中赢得了极高的声誉，并且受到后世的敬仰。

伟大的史学家司马迁非常崇拜晏子，他在《史记》中为晏子作传，写道："假令晏子而在，余虽为之执鞭，所忻慕焉。"就连司马迁都觉得能为晏子赶车而感到自豪和荣幸，可见，晏子是多么有人格魅力。

晏子，是哪里人呢？

晏子名为晏婴，是春秋后期齐国夷维人，如《史记·管晏列传》记载："晏平仲婴者，莱之夷维人也。"

在夏商时，东夷族的部落支族达一百个，其中的夷维部落位于今山东省高密市城区一带，在夏邻商时是一个临近莱国的东夷部落方国。后来夷维被势力日益强大的莱国所吞并，成为莱国的一个城邑，因此，也称为莱之夷维。

西周建立后，姜太公受周武王封，在东夷建立齐国，齐国灭莱国，占取夷维。齐国保留莱之夷维的名称。

据说，晏子的先祖或父亲来到齐国后，通过一番努力打拼，莱之夷维就成了晏子先祖或父亲的食邑封地。晏子在此出生且茁壮成长，生逢乱世之时，能有食邑封地的人家生活得很幸福。据此，司马迁称晏子为莱之夷维人。

后来，在西汉时夷维之名演变为夷安，又在北齐年间演变为今天的高密。也就是说，今天的山东省高密市，就是晏子的故里莱之夷维。

翻阅史书可以知道，晏姓是一个古老的姓氏，关于晏姓的起源，大概有五种说法，其中，比较可信的一说是晏氏出自安国，远祖为成汤王，子姓，与殷人同族。

但是，由于年代久远，史料缺佚，晏氏最早进入历史视野，在齐国政治舞台上崭露头角的先祖，大体可追溯到齐桓公时期。据《管子·大匡》记载，在公元前667年时，有晏姓官吏在齐入仕参政的记录，他曾受齐桓公之命负责考察齐国农夫与平民中的行善者。

但齐桓公时期的晏姓官吏，名字史籍无记载，人们也尊称其为晏子。清朝学者李锴在其著作《尚史》一书中认为，"所谓晏子者，或是弱之父祖也"。也就是说，这个晏子有可能是晏子之父晏弱的父亲或祖父。除此之外，现存史籍无其他有关晏子先祖家世的记载，毕竟年代太过久远了。

晏子的父亲晏弱，在史册上倒是有全面详细的记载，所以考证晏子的先祖，详细的资料只能从他的父亲晏弱开始。

在研究晏婴之前，先看看他的父亲晏弱是一个怎么样的人，是不是人杰，在晏婴成长过程中，究竟给了他哪些教育、培养和榜样的力量。

晏弱的生年不详，逝于公元前556年。谥号"桓"，又叫晏桓子。

据《左传》记载，晏弱最早出现在公元前595年，即齐顷公四年。从晏弱从政的时间推测，晏弱生于公元前630年左右，历仕齐顷公、齐灵公两代君主，七十五岁左右去世。

据《左传》记载，晏弱在齐国参加过四次国务活动。从这四次国务活动可以看到晏弱的才能品行。

第一次事件是公元前595年的冬天，晏弱陪同齐顷公在阳谷会见鲁国权臣公孙归父。公孙归父与晏弱进行了交谈，谈到鲁国时，公孙归父为自己得宠于鲁国国君而得意扬扬，在晏弱面前不加掩饰地炫耀了一下国君和自己的关系，一副得意忘形的样子。

晏弱由此预见公孙归父不久要投奔他国了。晏弱对齐国上卿高固说公孙归父恐怕在鲁国待不长时间了，因为他贪恋国君的宠幸和他自己在鲁国的权势。这样贪恋权势和宠幸之人必然起贪心，有贪心就会算计别人，算计别人的人也必会反遭他人的算计。公孙归父身居高位，他的言行会招惹整个鲁国的人都来算计他，他怎么还能待下去不逃亡呢？

晏弱洞察世事，关于公孙归父的这个预言在四年后被证实。当时，公孙归父显赫的地位引起了鲁国各大贵族的不满，在宠信他的鲁宣公去世后，因受到执政大臣季文子的驱逐，公孙归父离开鲁国，投奔齐国。

从这件事可以看到，晏弱是一个具有远见卓识，且预见力很强的人，在齐国有着较高的地位，得到齐顷公的信任和重用。

第二次事件是公元前592年，晏弱、蔡朝和南郭偃一起出使晋国参加诸侯会盟，途中在野王，也就是今天的河南省沁阳市境内，被晋国国君抓住又逃回齐国。

至于晋国为什么要抓晏弱、蔡朝等人，是因为齐顷公做事失礼，从而引起晋国的不满，才给晏弱几人招来横祸。

　　事情是这样的，当时晋景公想恢复霸权，于是照会各国打算搞一次盟会。出使齐国的是晋国正卿郤克，此人样貌普通，而且跛脚又驼背。郤克在去临淄的途中，刚好碰见鲁国的季孙行父和卫国的孙良夫，这两人也是要出使齐国，前去朝见齐顷公的，于是三人结伴而行。

　　等到了齐国，齐顷公看着他们三位使者的外貌太普通，甚至都有点儿残缺，于是就做了一场恶作剧羞辱了这三位使者。郤克心中大怒，返回晋国之后，不断向晋景公谏言，阐述许多对齐国不利的话。于是，晋景公不但拒绝齐国参加会盟，还把晏弱、蔡朝和南郭偃给抓了起来。

　　为何被抓的晏弱能逃走？

　　因为晏弱被关押的时候，见到了晋国的一位谋臣苗贲皇。这个苗贲皇其实是芈姓，斗氏，名贲皇，因至晋国后采邑于苗，遂以食邑为氏，故称苗贲皇。晏弱跟苗贲皇神交已久，相互慕名敬佩。于是，晏弱动之以情，晓之以理，终于请动苗贲皇来说情。

　　苗贲皇在晋景公面前谏言："大王，破坏了齐晋两国关系的人是齐顷公，现在齐顷公已经认识到自己的错误，派晏弱等人参加会盟，这是给齐晋两国修好创造机会。晏弱等人明知危险，却要冒险前来，说明这些人很有道义，而且值得托付，这几位都是有才能之人，不可怠慢。"

晋景公闻言沉思起来。

苗贲皇见有门路，就继续劝说："大王，像晏弱这样的人杰就应该被盛情迎接，方能显示咱们晋国海纳百川的宽阔胸怀，以怀柔之情，使天下诸侯纷纷前来，这样才是一个盟主国的姿态。如果就这样不清不楚抓了晏弱等人，久久不放，引起齐国对晋国的不满，天下诸侯也会对晋国产生惧怕之心，如此不利于团结各诸侯国啊。"

"卿所言，甚有道理！"晋景公三思后接受了苗贲皇的建议，就让人放松了对晏弱几人的看管，睁一只眼闭一只眼，给了晏弱等人逃走的机会。

苗贲皇为什么是以维护晋国利益的借口来帮助晏弱脱险？说到底就是惺惺相惜，两个人都是优秀的人才，互敬贤名，神交已久，他不忍心就这样看着晏弱赴险出事。

这就是树的影，人的名。在春秋列国时代，有了贤名和才能，就会得到天下人的尊敬，就连其他诸侯国的人，都不忍心加害。

第三次事件是晏弱灭莱。晏弱在这件领土扩张的事件上立下了赫赫战功，彰显了他的军事才能，他是一位出将入相的人杰。

第四次事件是公元前561年，晏弱回齐灵公如何应对周灵王求娶王后于齐之问，并促成了这门婚事，彰显了他的外交才能。

从以上可以看出，晏子的父亲晏弱不仅是一位能统兵打仗、战功卓著的军事将领，还是一位爱国忠君、知识渊博、富有政治远见的国务活动家，更是一位文武全才的卿大夫。有其父必有其子，有了父亲这个榜样，受他潜移默化的影响，也成就了晏子。

## 二、身形矮小却满腹才华

晏子的生年和少年成长的事迹，甚至晏子上任之前的事情，没有具体的史料文献记载，所知甚少，由于年代过于久远，大概史学家也无法寻找到资料加以润色编写，我们就更不得而知。

不过，在记录有关晏子言行的《晏子春秋》中，倒是有多处记载晏子身高不足六尺。按照春秋时一尺相当于现在的二十三厘米来换算，晏子的身高不足一米四，身材比较矮小。

尽管晏子是一个身材矮小、其貌不扬的人，但是齐国上下没有人不推崇他，没有人不敬重他。因为就是这样一个相貌一般的小个子，辅佐了齐景公在乱世中治理齐国，出现了"景公复兴"的盛况，使齐国政通人和，在诸侯中颇具影响力。

关于晏子的身高和相貌有两个故事。

一个故事说的是，有一天晏子车夫的妻子对她的丈夫说："晏相国身高不足六尺，却是齐国大相，在诸侯中享有盛名。今天我看他外出，志向深远，常常表现出谦卑的样子。现在，你身高有八尺，做他的车夫，却趾高气扬，一脸的满足，很让人失望，请你让我离开这个家吧。”

这段话，先不管车夫的老婆说话的目的是啥，对车夫起到了怎样的作用，但是，就此段文字可以看出晏子确实身材矮小。

还有一件事情就是，在《孔丛子》一书中，记载着一个叫子高的大臣拜见齐宣王的时候，齐宣王问子高由谁来担任临淄的邑宰比较合适，子高说管穆比较适合这一官职。

齐宣王却说自己担心管穆的相貌丑陋，怕是得不到百姓的敬重。

子高说一个人能不能被人敬重，关键在于他的德行，而不是外貌。子高还说自己推荐的是管穆的才能，并且又强调说道：君王难道没有听说过晏子和赵文子的故事吗？晏子身高不足六尺，相貌丑陋，但是齐国上下没有人不敬重他。这段话也印证了晏子相貌丑陋，身材矮小。因为晏子的形象和政治伟绩，子高以此为例谏言，最终推荐管穆成功。

身材矮小、外貌普通的晏子，成为别人直言劝谏，以此鼓励他人或自我勉励的正能量的案例。

晏子入朝做官后，经历了齐灵公、齐庄公、齐景公三代君主。最初辅佐的是齐灵公。那么，晏子何以能够辅佐三代国君呢？前面

说了晏子的家世，再来说说晏子的成长经历，当然都是推测出来的。

虽然说晏子的幼年成长无法考证，但晏子出身卿大夫官宦之家是肯定的，他生活优越，身份尊贵。晏子自小受到了良好的教育和家风熏陶，饱学足识，这样的成长对他很是重要。

此外，晏子成长的环境是祖辈的封地，在那里他接触到了底层民众的生活，对民众生活的艰辛有着深刻的了解和感受，这使得晏子从小就有一颗悲天悯人之心，成就了他的抱负。就因为如此，晏子在后来为齐国大相的时候，才能够时刻为民着想，在《晏子春秋》中，晏子的薄赋、省刑、宽政、节用等主张，都是主张民本、民诛的思想。

晏子幼年或者少年的求学时期，私学尚未出现。学在官府，就是学校由官府来办，老师也是官员。当时的礼制规定，学校按学子的年龄和受教育程度而定为小学和大学，大学也是太学。太学一般设在国都。此外，在国都办的学也叫国学，在地方办的学也叫乡学。晏子是在夷维乡学学习，晏子青年时期，跟随父亲到齐国国都临淄进太学学习。

晏子求学时期精通了六艺，也就是精通了礼、乐、射、御、书、数，并且他很熟悉夏、商、周三代兴盛衰亡的历史。在《晏子春秋》一书中，晏子在劝谏君王，或者他自己出使他国时，总是引经据典，用他渊博的历史知识来阐明自己的建议。他的博学，为他出仕辅君奠定了扎实的文化知识基础。

公元前 556 年，晏弱去世，被授予谥号晏桓子。晏子为父亲举行了庄重而简朴的葬礼。注意，这里说的是庄重而简朴的葬礼，这是晏子对于自身的要求和他秉持简朴的体现。

晏子服丧守孝，身穿粗布衣服，吃饭时以粥代食，住在墓边搭起的草棚里，睡在草席上，枕着草枕头。他的家臣对他说，这样服丧有失贵族大夫的身份。但是晏子说只有上卿大夫才行大夫的丧礼仪式，自己只是下卿大夫，级别未够，可以不完全遵守。这个事情说明晏子当时已经是齐国的大夫，而且他为父亲采取了相当简朴的服丧仪式，觉得至诚至孝，重在内心感受和深情厚谊，而不是奢侈的葬礼上。

晏子的服丧方式既庄重又简朴，有礼仪，表达了自己的丧父之痛，又不流俗，在当时引起很大的社会反响，不然，《左传》不会记载一个齐国大夫的葬礼。就因为晏子的行为突出，很是特别，这个事情四处流传，后来被孔子知道了，作为后辈，孔子对这位比自己年长三十几岁的晏子很是推崇。

孔子当时认为晏子这般做，足以说明晏子是一个非常聪慧的、能远离祸患的人，他不用自己的对来驳斥别人的错，而是用谦逊的言辞和行为来避免灾祸，这就是通常所说的有道义的人。

当时朝廷中诸大夫办丧事都很奢华浪费，他们自己不守丧礼行为，轻浮放浪，篡改了丧礼上该有的肃穆与庄重。

晏子当时人微言轻，不能直接上去阻止其他人的行为，只有自己这般以身作则，说自己不是上卿大夫来谦逊应对，既办了一个庄重的葬礼，又给那些奢侈浪费的朝中大夫做了榜样。

## 三、生不逢时的晏子

晏子于公元前 556 年初入仕途时，齐国已经在诸侯国中失去了霸主地位，开始走衰运，实力下滑严重。

齐国和鲁国是西周王朝建立后最早的两个东方大国，齐国国君姓姜，俗称姜子牙或者姜太公，姜太公曾是周武王的太师，是周朝的开国之臣，周建立之后，就封吕尚姜太公为齐国国君，他成了开国之君后，举贤而上功，励精图治，齐国发展得很迅速，成为当时的东方大国。

但是时光荏苒，在漫长的演变中，进入春秋之后，周王朝的社会形势发生了深刻的变化，各个诸侯国纷纷趁乱而起，拥兵自重，独霸一方，和周王朝分庭抗礼，开始争霸。

在这场春秋前期的争霸战中，齐国凭借着东方大国的实力和周王朝给予的五侯九伯实得征之的特权，吞并了周边小国，为以后的诸侯争霸奠定了基础。在公元前 685 年，齐桓公继位，齐国称霸诸侯。齐桓公成为自周王至诸侯公认的霸主。但是，齐桓公晚年昏庸，犯糊涂了，在其生病之际，奸佞之人挑动他的五个儿子争权夺位，上演了一场夺嫡戏码，以至于齐桓公死后，五子开始长达四十年的争夺权位的内乱。这样长时期的动乱，使得齐国丧失了在诸侯国中的霸主地位和实力。

到了春秋中后期，随着晋、楚两个大国的崛起，齐国的地位更是日益下降，齐国内部公族矛盾加剧，导致内部局势动荡，战乱不断。此时的齐国，由盛转衰，空有大国之名，实已外强中干了。到晏子辅佐的第一位齐国君主齐灵公的时候，由于齐灵公更是昏聩荒唐，齐国的国势也更加的纷繁复杂。

那时，齐灵公已经当了二十六年的国君，傲慢自大，以为自己很强大，目空一切，经常想要出兵去攻打别的诸侯国，渴望能像齐桓公那样称霸。他根本就看不上晏子这个又矮又丑的年轻人。所以，齐灵公一直没有给予晏子重要官职，把他放在了齐国大谏机构做言官使用了。

齐灵公当时有一个奇葩嗜好，就是喜欢让女子身着男子衣袍，他的欣赏偏好比较特殊。因此，后宫中女子经常女扮男装，这样的装束流传到宫外，一发而不可收，大街小巷，女子着男装，令人不辨男女，简直乱套了。

许多言官纷纷上奏，齐灵公知道后，多次发出禁令，但是这种现象屡禁不止。晏子觉得这是上梁不正下梁歪，就尖锐地指出："大王让宫内的女子着男装，却禁止宫外妇女这样做，如何能禁止得了？因为外面的百姓和贵族也是效仿宫内的穿戴，宫内的穿戴是一个时尚的风向标，如果不让宫内的人穿，宫外自然没有人再穿了。"

齐灵公一想也对，就听取了晏子的建议，下令不让宫中女子穿男人的服饰，结果不出一个月，国内大街上就再没有女扮男装的现象了。所谓上行下效就是如此，晏子谏言成功，根据的就是这个道理。

还有一件事，齐灵公时期，齐国人喜欢玩一种叫击毂的不良游戏，就是一些人驾着马车以冲撞别人的车毂为乐，上演古代版的速度与激情。

这种游戏非常危险，经常是车毁人亡，但屡禁不止。

晏子为此感到担忧，就想办法禁绝，但光严格禁止效果甚微，需要用深入浅出的方法让人认识到危险，甚至当成禁忌才行。

于是，晏子让人给自己做了一辆新车，也出去和人相撞，几个回合后车就被撞坏了，晏子对在场的人机智幽默地说："车子撞击过就不吉利了，我大概是祭祀神灵不谨慎，平常对神灵不恭敬吧，不能再玩下去了，否则就要倒大霉了！"

晏子说完，弃车而去。在场的人听信了晏子的说法，然后扩散开，自此之后，都城的人都不再玩撞击车毂的游戏了。

这两件事情被记载在《晏子春秋》中，揭示了晏子深谙"上有所好，下必甚之"的道理。

特别是晏子向齐灵公谏言，为官理政时要重视君主和官员的表率作用，和秉持君主和官员以身作则，身教重于言传的思想作风，方能教化百姓。

齐灵公还在立储事上犯过大错误。他在几年前已经立过大儿子公子光为太子了，这符合古代立嫡长子的规矩。后来齐灵公娶了仲子、戎子两姐妹，而仲子生下一个儿子，就是公子牙。齐灵公被戎子的美貌和温柔所着迷，特别喜欢戎子，但戎子一直没有生育，就要求齐灵公改立姐姐仲子的儿子公子牙为太子，这属于典型的后宫干政了。

在那个时期，国君为了喜欢的爱妃而违背祖制，改立太子的事情时有发生，但结果都不尽如人意。比如周幽王改立太子，差一点儿就落个亡国下场。晋献公改立太子，导致晋国发生多年动乱，大伤元气。

齐灵公开始也不同意，觉得这违背规矩，但戎子天天在他的耳边说，软磨硬泡，齐灵公终于同意了。

晏子和大臣们听说之后，都纷纷劝谏齐灵公，认为改立太子是取乱之道。因为公子光当太子已经有数年之久，并无过错，他又是嫡长子，符合做储君的身份。此时国内百姓和诸侯国都承认了公子光，不可以因国君个人喜好，中途废立换太子。

齐灵公这个人，生性傲慢且固执，做事唯我独尊，很难听得进去大臣们的劝谏，他对着大臣们说："我是大王，一切都要听我的！我说可以，那就可以，谁也不必再劝！"

晏子是干着急，也没有办法改变齐灵公的决议。因为晏子辅佐齐灵公的时间较短，又是刚刚进入仕途，手中也没有什么大权，人微言轻，难以有所作为。在那段佐政期间，他只能审时度势，至于他的劝谏能不能被齐灵公听取，他是不能强求的，毕竟生命安全第一。

齐灵公一意孤行，于公元前556年，废掉了公子光的太子之位，把他赶到海边去了，改立公子牙为太子，让宠臣高厚当太子的太傅。从此，高家成了齐国最强大的公族之一。

齐灵公是个好战分子，欺软怕硬，看到鲁国比齐国弱小，于是在四年内发动了五次伐鲁战争。齐灵公二十七年（公元前555年）秋，开启了第五次伐鲁，这次齐灵公带领大军攻打鲁国的北鄙等地。

晋国对于齐国无视自己的领导，无端数次攻打鲁国的行为很是恼火。于是，晋平公（公元前557—公元前532年在位）亲率鲁、宋、卫、郑、曹、莒、邾、滕、薛、杞、小邾共十二家诸侯兴师伐齐。十月，晋军渡过济水，来到鲁国地盘（今山东省泰安市东平县一带）。各诸侯国的军队会合后，沿着济左走廊向平阴城（今山东省济南市平阴县东北）扑来。然而，虽说晋平公率军顺利地拿下了平阴城周边的几个重镇，但平阴城却久攻不下。

齐灵公很清楚晋国乃诸侯霸主，实力强大。所以，他对这一战高度重视。齐灵公率数万大军至平阴城御敌。平阴城南有一块地是巨防（土长城），易守难攻，齐灵公下令在防门之外深挖沟堑，以阻敌军。

所谓巨防，原先是个水利工程地。在平阴城西、城南，因长年积水，形成一片"湄湖"，影响耕种。于是齐国就挖掘壕沟，引水入济河中。而挖出的土，也就成了平阴城的拦水坝。这个坝就是巨防了，此时成了防守要塞。

晏子当时也跟随齐灵公参加了这次作战行动。在战争刚一开始，晏子就敏锐地意识到这场战争齐国必败。因为，一是，十二诸侯国军力强大，从兵力相较，齐国毫无胜算。二是，齐国将领和士兵发现诸侯兵力强大后，士气低沉。

不论是从主观士气上，还是客观条件上，齐国都不占优势，这仗没法打啊！

所以，晏子尽自己的本分，一开始就劝谏齐灵公不要跟盟军打仗。但是齐灵公昏聩不明，根本不听晏子的劝谏，依旧一意孤行，贸然出兵伐鲁。

当晋国率领十二国诸侯盟军赶来平阴城征讨齐国之时，晏子观察过此地山川地貌后，劝说齐灵公不要出城迎战，不如依靠城高墙厚的地理优势，坚守下去，闭城不出，拖上一段时间，坐等盟军士气低落再出击。正是兵法里"一鼓作气，再而衰，三而竭。彼竭我盈，故克之"的道理。但是，齐灵公根本听不进去晏子的建议。

齐军与晋国盟军在平阴城外列阵，战场出阵，短兵交接，双方大战了一场。这一仗，杀得天昏地暗，血流成河，死伤无数。最终，齐兵大败，被迫退回到平阴城内。

局面瞬间被动起来，对齐国很不利，齐灵公损兵折将，他觉得很没面子。加上盟军兵临城下，每日攻城，一副要生擒活捉他的架势，齐灵公开始懊悔，惴惴不安。

但由于齐国将士顽强抵抗，联军攻城行动受到挫折。晋国人一看强攻不成，就使用了反间计。晋国大夫范宣子对城头喊话，诈称鲁国和莒国各带领一千辆战车和数千兵马，南下偷袭齐国都城去了。

消息传入了平阴城内，齐国的军队开始军心大乱。有官员和将领找晏子商议退敌对策，晏子摇头说："咱们的国君本来就勇气不足，现在形势危急，国君听到这个消息，肯定不战而逃，诸位不必想着退敌，还是先做好撤退的准备吧。"

果然，晏子猜得很准确。齐灵公对这个消息信以为真，担心都城丢失，吓得惊慌失措。齐灵公当夜就决定放弃平阴城，率兵连夜突围，逃往都城临淄了。

齐军败逃而走，损失惨重。次日，晋国联军兵不血刃就进了平阴城。本来晋国想追击逃敌，可鲁、卫两国却执意先攻打平阴城附近的另外几个军事重镇，以绝后患。晋平公同意了，于是，他派荀偃、赵武、魏降分别率领晋国上、中、下三军，分别攻打卢、邿、京兹三地。

公元前 555 年十一月十三日，下军率先攻占京兹；十九日，中军攻克邿；然而，上军却一直没有攻克卢城。

同年十二月初二，联军主力带着兵马和粮草，抵达临淄西郊的秦周，焚毁城郭之后，开始围攻临淄内城。

齐灵公想出城逃跑，被晏子和太子牙劝下了。晏子的观点是作为国君，一旦逃跑，就会失去民心，国家必亡。这支联军过来只是为了报复齐国，更在乎抢掠财物，攻不下内城，他们就会自己撤退。

齐灵公勉强相信，就在临淄城内坚守。由于城内的军民看到国君如此镇定，所以，军心未乱，士兵坚持抵抗，又鏖战了一个月。晋国联军久攻不下，遂兵分两路，向外围打去。一路向东打到潍水流域，一路向南攻打到沂水上游，抢夺了不少物资，烧杀掠夺一番，算是给鲁国出了气，也教训了齐国。

此时，晋平公考虑再三，他并不想直接灭掉齐国，给外人留下"恶霸暴君"的形象。所以，他就下令撤军，并且在齐国边界，再次会盟诸侯，强调了盟约：大国不许欺负小国，若哪个诸侯国随意出兵讨伐小国，下场当如齐国。

至此，联军伐齐的事件算是结束了。晋国联军虽然撤走了，但齐国遭到了很严重的破坏，临淄城外许多县邑村镇的财物被抢走，老百姓的房子也被烧掉很多，到处是无家可归之人。

正是因为这番打击，齐灵公羞愧交加，一病不起。这一次，他病得很重，不足半个月他的病情便迅速恶化，起不来床，眼看就要不行了。

齐国被打败，齐灵公病危的消息传开，有一个人很高兴，那就是昔日的齐国太子——公子光。数年前，公子光被齐灵公废掉太子位，流放到了海边，但他时刻都在关注着朝廷风波和临淄城的动静。

公子光当太子的时候，并非没有拉拢朝臣，巩固自己的地位。相反，他跟崔杼关系很好，崔杼是公子光所依仗的朝廷权臣。崔杼是齐国公族，是齐灵公最信任之人，十分受宠，可谓权倾朝野，在齐国有很大的势力。

公子光偷偷写信，派人送去位于临淄城的崔杼府上，交给崔杼，明确表达了他要重新夺权的想法。崔杼衡量利弊之后，也觉得辅佐跟自己关系好的公子光，比辅佐公子牙更有政治利益，于是，他就答应与公子先合作。

公元前554年四月，崔杼派人去海边把公子光秘密接回临淄城。他趁着齐灵公卧床不起，昏迷不醒的状态，假传旨意把许多文武大臣召集起来。

崔杼说道："诸位同僚，国君已经生命垂危，立储之事关乎国运，乃是重中之重。今公子牙尚年幼，没有能力治理国家，应该让公子光来当国君。公子光秉性纯良，宅心仁厚，又是嫡长子，符合继承之礼！"

崔杼说完之后，大臣们拿不定主意，还在议论纷纷的时候，门帘被掀起，从侧殿走出一人，正是公子光。

大臣们一看这个局面，就明白过来，权臣崔杼与公子光已经密谋篡权，要废掉公子牙，重新夺权即位了。

但是，这些大臣并没有反对。因为公子光本来就是太子，不应该被废长立幼。完全是齐灵公错误决定，违背了祖制。如今公子光重新被拥立，算是拨乱反正了。

公子光很顺利地恢复了太子储君身份，他立即派人到宫中去抓公子牙，要除掉后患。但公子牙已经得到消息，仓荒逃走。公子光见没有抓到公子牙，十分生气，就抓来了戎子，在宫内杀了她泄愤。

这时候的齐灵公，奄奄一息，却还没有归天。公子光已经等不及了，开始了清洗障碍，为自己登上王位做准备。

公子光把戎子的尸体放在了朝堂之上示众，这是不合乎礼仪的。春秋时期不杀妇女，妇女的尸体也不能放在外面让人观看，但公子光却不管这些，可见他的性格中也有残暴因子。

晏子在当时还人微言轻，他劝说公子光，公子光不听。晏子干脆直接回家闭门谢客，暂时不上朝了，来个眼不见为净。

公元前 554 年五月，齐灵公驾崩，公子光即位，成为齐国新一任国君，他就是齐庄公。

齐灵公的灾祸归结原因，是他的执政昏聩所致。他犯了几个错误：一是，听信谗言，妄杀忠臣重臣。二是，狂妄自大，不礼诸侯，引发多国联军征伐齐国。三是，废储立幼，酿成皇权祸乱。

正因为齐灵公如此昏庸不明、听信谗言，频繁导致齐国对外战争的失败，弄得国弱兵疲，百姓怨声载道也是理所当然的事了。得道者多助，失道者寡助，最后，齐灵公在自己制造的祸乱中结束了生命。

# 第二章

## 晏子起伏曲折的仕途

## 一、伴君如伴虎

前面讲了，晏子于公元前 556 年承袭父职当了大夫，仕政齐灵公两年，郁郁不得志。一是齐灵公昏庸；二是晏子初入朝堂，人微言轻，虽说他也是有机会便积极谏言，但是没有任何政治建树。

终于，等到齐灵公死后，公子光即位，也就是齐庄公，从《晏子春秋》看，关于齐庄公的记载也就几篇，笔墨不重。虽说晏子也是忠诚直谏，但终归两人政见不合，晏子也没有太多建树。

那么，为什么闻名史册的千古大相，在齐庄公时期会和齐庄公政见不合呢？这得从齐庄公这个君主说起。

齐庄公继位之后，第一件事情就是流放他同父异母的弟弟公子牙，因为公子牙跟他争夺太子之位，这让齐庄公很生气，一直怀恨在心。直到后来，齐庄公又将公子牙杀害以除后患，这才满意，可见此人的绝情与冷酷，刚愎自用，手段极黑。

第二件事情，则是齐庄公在崔杼和庆封的谋划帮助下，清洗曾辅佐公子牙的朝中大臣和其党羽，杀高厚，籍没家产和封地。抓公子买，吓得其他公室公子逃离齐国。

在清洗和铲除公子牙党羽的过程中，齐庄公把崔杼和庆封视为心腹，宠信庆封的弟弟庆克。一时间，庆封、庆克兄弟二人都深受齐庄公重用。

可见，齐庄公信任之重臣都是助他上位的善阴谋之人，重臣之位当然不会有晏子的份儿。因为晏子是守礼之人，既没有从龙之功，也不会做出像崔杼、庆封之流的大逆不道的事情。就这样，晏子在齐庄公即位时没起到作用，虽说齐庄公敬重晏子是晏弱之子，但晏子直言逆耳，最终还是和庄公有了意见分歧。

齐庄公上位后，用杀伐手段坚壁清野，稳定了国内的局势后，立刻开始了与晋国争夺中原盟主的准备。因为在齐庄公从流放之地潜回宫中，争夺太子之位时，晋国就想趁着齐国内乱之机，再次出兵讨伐齐国，但是当攻打齐国的晋军到达齐国高唐时，齐灵公死了，因为诸侯间定有"不伐有丧之国"礼仪的规定，晋国只好撤军。

晋国讨伐齐国的军事行动，虽然因故半途而废，但是齐庄公却因此对晋国怀恨在心，心里时刻想着要伐晋复仇。但是，又因为慑于晋国的军事实力和盟主地位，齐庄公知道自己毫无胜算，只好暂时主动向晋国示好，想要徐徐图之。

齐庄公继位不久，就去晋国拜见晋平公，在大隧举行了求和盟誓。公元前553年，齐庄公又拜见了晋平公，并和十二个诸侯国在澶渊举行了会盟。

齐庄公虽然迫于形势臣服于晋国，但是在他的内心深处，他一直在寻找机会要向晋国复仇。他想称霸诸侯取晋国而代之，想要恢复齐桓公时的霸主地位，所以，他一直在做着要和晋国争夺中原盟主的准备。

因此齐庄公非常尚武，轻视礼义，认为只有依赖勇力才能称雄争霸。所以，他对勇士以及武力非常痴迷。为了倡导武勇，招纳勇士，齐庄公特意设立了武爵职位和五乘之宾的待遇，即给予选拔招纳的勇士五辆战车和待之如宾的优厚礼节。

据说，齐庄公有一次出去打猎，经过的路旁有一只小虫子，伸出两条胳膊似的前腿，想要阻挡庄公的车轮前进，齐庄公好奇地问车夫这是什么虫子。车夫告诉齐庄公，这种虫子叫作螳螂，只知前进而不知后退，从不估量自己的力量有多大，就轻易地和对手交战。齐庄公一听，笑着说这种虫子如果是人的话，一定可以成为扬名天下的勇士，所以就让驾车的人驾着车子靠边行走，让开螳螂，从路旁而过。可见，齐庄公对勇士的定义，已经从人类身上，过渡到动物身上了，做法可笑，却也从侧面看出他的独特个性。

正因为齐庄公对勇士的青睐，因此，在齐庄公的身边，聚集了很多勇士，愿意为他效命。有句古话说得好："侠以武犯禁，儒以文乱法。"齐庄公身边的勇士，很快就凭借勇力恃强凌弱，又凭借齐庄公的专宠，目无礼法，横行霸道。这致使齐庄公的亲戚贵族也不敢向他推荐有德之士，朝中大臣也不敢进行规劝批评，导致国政日趋衰微，百姓怨声载道。

这种情况下，晏子一文人，虽想进言但没有时机，也得不到齐庄公的重视，唯有苦闷在家。而忧国忧民，对齐国现状深深忧虑的晏子，决意一有机会就劝谏齐庄公。

有一次，机会来了，齐庄公出游郊外，看到晏子服侍在旁，就问晏子，古时候也有凭借勇力称雄于世的名人吗？

晏子想趁此机会对齐庄公进行劝谏，他灵机一动，说道："国君，臣下听说奋不顾身、维护礼义的人才叫作有勇；诛伐凶暴、不怕强悍的人才叫作有力。有勇力的人之所以能够称霸于世，是因为他们的行为合乎礼仪，心有道义，而非胡作非为。"

齐庄公听了晏子的话有所思，觉得似乎有道理。

晏子引经据典，凭着三寸不烂之舌，继续进谏："商汤周武王起兵不能算作叛逆，兼并诸侯不能算作贪婪，他是为了天下苍生，替天行道，因为这是符合仁义的准则的。古往今来，如果君王过于依赖勇猛之士，不施德行教化，欺凌天下诸侯，杀戮无罪之人，推崇勇力，不顾礼义，便会如桀、纣那般被灭。如今我齐国何尝不是如此，国君执意尊崇武力，怠慢大夫，长此以往，堵塞中谏之路，于国不利啊！"

晏子的这段话，有理有据，旁征博引，机智生动，充分体现了晏子礼义治国的思想和主张。

但齐庄公听了后不以为然，他是一根筋的木头疙瘩，听不进劝，好话赖话都不听，白瞎了晏子这一番生动劝解了。

齐庄公摇头道："卿所言差矣！孤所规划的宏图霸业，岂是你一个文弱大夫所能理解的？"

说完，齐庄公轻蔑一笑，一副天下之大，唯我独尊的气势。

晏子一看齐庄公这个姿态，就明白自己白费了心机，齐庄公并没有听进去。他只有暗叹几声，不遇明主，他是有力气也使不上！

晏子劝谏纯属冒险行为，毕竟齐庄公不是好脾气，从侧面也反映了晏子为臣，忠君忠国、勇敢直谏的品德。

后来，晏子也多次巧妙地进谏齐庄公，崇尚礼义，不要一味地信奉勇力，勇力必须受到礼义的约束。开始的时候，齐庄公还能听从晏子的一些建议。如果采用了一次，就会给晏子增加食邑。

但是，随着晏子劝谏的次数多了，时常劝他不要崇尚武力，不要做一些残暴之事，齐庄公就开始讨厌晏子了。后来，如果哪次晏子的劝谏惹得齐庄公不快，就会减少晏子的食邑，直到把晏子的食邑都减完。

晏子离开王宫，坐上了马车，先是叹息了几声，然后又放声大笑起来。

晏子的车夫不解，询问晏子："大人您为何一会儿叹气，一会儿又不断大笑呢？"

晏子回答："唉！我叹气是因为我知道咱们国君不听劝谏，不施仁义，日后他必有灾难。我大笑是因为国君开始厌烦我，巴不得我辞官，这样一来，我可以幸免于难，不会出事了。"

车夫听完之后，恍然大悟，明白了晏子的矛盾心情。

公元前551年，已经做了三年国君的齐庄公，觉得齐国恢复了实力，应该讨伐晋国，报仇雪恨。于是，齐庄公召集了几位朝廷大臣，说出自己准备率兵攻打晋国，问卿家们有何看法。

晏子一听，连忙劝阻说："国君，此事万万不可啊！晋国乃是诸侯盟主国，兵强马壮，有精兵十万。我们齐国刚从动乱中平定，休养生息不足三年而已，兵甲不齐，训练不足，贸然进攻晋国，不但不能胜利，还可能招致灭顶之灾！"

"胡说八道！"齐庄公一听顿时生气，心想这晏子太不识时务了，自己的出征意思很明显，并为此准备了三年。这晏子非但不能为君分忧，为此目标而出谋划策，反而诅咒自己会大败。

齐庄公气得脸色大变，拂袖而去。

晏子也很无奈，他的劝谏，不但没有得到齐庄公的接受和采纳，反而引起了齐庄公的强烈反感。尤其后来，在面对是否接纳被晋国驱逐的栾盈的问题上，齐庄公和晏子之间发生了巨大分歧，两人之间的裂痕也越来越深。

栾盈在晋国担任下军佐之职，因其母栾祁与外人私通，诬告栾盈作乱，栾盈申辩不成，不得不于公元前552年秋天被迫流亡。由于晋平公传令给各诸侯国，不得收留栾盈，他无奈之下只好去了楚国。

栾盈在楚国只逗留了不到一年的时间，因为在楚国得不到重用便离开，辗转去了齐国。那栾盈为什么会去齐国呢？因为他意识到，齐庄公不是安分的国君，有与晋国一争高下的雄心。

当时的晋平公和大臣士匄为了铲除栾氏在晋国的势力，杀死了十几名士大夫，囚禁了数位大臣，还有一些与栾盈交好的大臣，也纷纷逃往他国寻求立身之地。在这些流亡大臣中，有四人去了齐国，其中就包括晋国著名的勇士邢蒯和州绰。这几个人的到来令齐庄公喜出望外，立即就授予他们官职，对他们加以礼遇。所以，栾盈也赶往了齐国。

因为齐庄公接受了栾盈等人，晏子敏锐地感觉到这是齐庄公在利用栾盈向晋国发起挑战。而此时齐国明目张胆地与晋国作对，后果将十分严重。晏子满怀忧虑，进宫觐见齐庄公，并向齐庄公讲明利害干系，劝谏齐庄公不要轻易违背与晋国所定的盟约，而给齐国招来祸害。

但此时的齐庄公对晏子的话不以为然，晏子见一人劝谏不成，又联合田须无一起进谏齐庄公，但齐庄公仍听不进去。齐庄公不但收容了栾盈，还给了他优厚的待遇，把他视为座上宾。齐庄公意图明显，想把栾盈作为将来自己与晋国争霸的一支力量。

栾盈也想杀回晋国报仇，这两人可谓各怀心思，想在合作中各取所需，关系迅速打得火热。

晏子进谏无效，他预感灾祸就要降临了。齐国将要讨伐晋国，关乎国本，不可以不畏惧啊！

由以上事件可以看出，晏子一心忧国忧民，尽量想让齐国稳定发展，避免战争，但遇上尚武不讲礼义的齐庄王，还是不能得志，在政治上，注定晏子依旧没有建树。

## 二、遭贬隐居，吊唁庄公

齐庄公多次不听晏子的谏言，一直处心积虑地等待着进攻晋国的机会，这机会还真让齐庄公和栾盈给等到了。

晋国国君要将女儿许配给吴国国君做夫人，按照当时的礼仪，晋国国君的女儿出嫁，盟主国齐国必须送公室之女陪嫁，齐庄公从这件事上看到了机会。

公元前 550 年，齐庄公将栾盈和他的随从装扮成护送公室之女的随行人，秘密地潜入晋国。结果栾盈在晋国的偷袭行动失败，导致整个家族和随从都被诛杀。

齐庄公在栾盈走后，就加快了攻打晋国的准备，想着和栾盈里应外合一举打败晋国。

晏子在朝堂上得知消息后，一心要阻止这场战争，就急匆匆去朝见齐庄公，进行劝谏。

"国君，这次攻伐师出无名，而且有违盟约，不讲诚信，不论成败，都会给齐国带来灾祸，请国君收回成命，不要对晋国出兵。"

但齐庄公准备多年，哪里听得进晏子的话。

"晏大夫，注意你的措辞！你身为齐国大夫，在孤王准备开疆拓土，大有作为之时，你不但不思进取，反而处处阻挠，要不是看在你是前朝重臣晏弱大夫之子的分儿上，孤王定不能饶过你动摇军心之罪。退下去！"

齐庄公直接喝退了晏子，让他离开皇宫。

这一次，齐庄公不考虑后果，执意举兵进攻。他亲自带兵先是劫掠晋国的邻国，然后占领晋国的朝歌城，又占莹庭。一路挺进的时候，庄公才听到栾盈在晋国已经被杀，自己失去了晋国的内应，吓得急忙率军撤退。

晋国军队却追击猛烈，导致齐军仓皇而逃，很多人被俘，齐庄公好不容易摆脱了晋国的追杀，保住性命，逃回了齐国。

回到齐国之后，齐庄公却并不收敛，转头又去攻打莒国，结果损兵折将。虽然也有表现出众的骁勇之将，但也是愚蠢战死，最后一败涂地，齐庄公带兵仓皇而逃。回国后，他身边的阿谀之人，居然无视这次失败的惨痛，睁着眼说瞎话，对齐庄公的此次出征歌功颂德，说他是英勇善战，威震诸侯。

唯有晏子忧心忡忡，并没有说好听的话。晏子的态度引起了齐庄公极大的反感。在宴会上，齐庄公故意刻薄对待应召而来的晏子，说自己不喜欢他，他就不应该来参加宴会，对晏子进行了一波羞辱。朝堂谄媚的朝臣，自然跟着齐庄公嬉笑讽刺晏子。

这时，晏子明白自己被戏弄羞辱，他灵机一动，机智地站起身，然后坐到了齐庄公酒桌前的地面上。

晏子的这一举动，让参加宴会的众人都露出惊讶和不解的神色，不知道晏子这葫芦里卖的什么药。

齐庄公也是不解地询问："晏大夫，你不坐在席位上，怎么坐到孤王桌前的地上？还懂不懂礼仪，这成何体统！"

晏子机智地回答："国君，我听说民间跟人争论是非时要坐在地上，今天我要跟国君争论一下是非，敢不坐在地上吗？"

齐庄公惊讶道："晏大夫要跟孤王争论是非？"

晏子点头答道："当然了！微臣身为谏议大夫，直言劝谏那是本分。但国君不但不领情，还屡次冷嘲热讽，厌恶微臣；平日里亲小人而远贤臣，恃强不讲礼义。微臣难以辅佐下去，请求辞官离开临淄。"

齐庄公闻言脸色一冷，并没有挽留晏子。他希望这么讨厌的大臣快一点儿离开自己才好。实际上齐庄公就是想要赶走晏子，这样自己就能耳根清净了。

晏子回去的路上哑然失笑，感叹齐庄公很快就要大祸临头，而自己可以逃生不死。晏子回家后，他将国君赏赐的贵重财物和封邑全部交还给公室，将不贵重的东西在街头变卖或者施舍给贫困的百姓。

晏子认为若有机会为百姓办事，就可以心安理得地接受朝廷对自己的官爵加封，享受富贵。若是无力为百姓办事，就要辞官自食其力，不嫌弃贫贱，安贫乐道。

晏子辞官之后，带着一家老小，去往东海之滨，打鱼耕田，自食其力。

就这样，晏子暂时离开了朝堂，离开了不听自己谏言的齐庄公，过着隐居的田园生活。

但是晏子并没有就此消沉，他作为一个有着远大抱负的士大夫，还想着要有一番作为。他一边耕种，一边密切地关注着齐国政坛的风云变化，等待下一次复出的机会。

这时候的齐庄公，已经陷入了危机还不自知。在他继位之后，大臣崔杼善于弄权，一边辅佐齐庄公，一边培养自己的势力，并且逐渐独掌朝政。

但是随着齐庄公的羽翼丰满，齐庄公和崔杼之间发生了矛盾，权力相撞，互不相容，尤其是在面对攻打晋国的事情上，崔杼如晏子那般进行了劝谏，齐庄公也因此怨恨崔杼，多次在大臣面前批评他目光短浅，没有远大志向。这让一向以功臣自居的崔杼很是受辱。

此外，还有一件事成为导火索，让崔杼特别恼火，恨不得杀死齐庄公。

不久之前，崔杼娶了一个妾，名叫东郭姜。此女容貌倾城，她原来是有丈夫的，她的丈夫是棠邑的大夫，被当地人称为棠公。可惜他英年早逝，东郭姜便成了寡妇。

东郭姜有一个弟弟叫东郭偃，在崔杼府上当管家。有一天，东郭偃驾车载着崔杼去了棠公家祭拜。结果，崔杼在棠公府上看到了东郭姜的美貌，惊为天人，一边感叹棠公没福气，一边盘算着怎么娶走东郭姜。

毕竟棠公已经去世了，当时寡妇是可以再婚的，所以，崔杼娶东郭姜属于合法行为。

但崔杼府上的谋士劝他道："崔大人，娶这样的女人不吉利，她命中克夫。你看那棠公不就被克死了嘛！"

古时候认为娶了女人，有克夫和旺夫的说法，当然这属于迷信，在当今看来是没有科学道理的。可当时的人们却很相信，很多人在结婚之前都会请人来算命或占卜，测一测是否吉利。

崔杼也请人来占卜，占卜的结果让人很不解，有人说吉利，有人说不吉利。

"不管这些了，反正我就要娶东郭姜这位美人，棠公被她克死了，已经为我挡煞了，我娶了她就不会再有事。"

崔杼自我安慰一番后，决定立即迎娶，免得夜长梦多。

但这件事，被齐庄公知道后，引起了齐庄公强烈的好奇心。他决定去崔杼的府上做客，顺便瞧瞧这个寡妇东郭姜究竟有多美貌，可以让崔杼如此执着。

等齐庄公登门看过东郭姜一面之后，终于明白为何崔杼冒着被克死的风险，也要娶她为妾了。这个东郭姜实在太漂亮了，简直就是一位绝代佳人啊！

从那以后，齐庄公开始经常去崔杼府里，而且是趁着崔杼不在家的时候去，软硬兼施，霸占了东郭姜的身子。

崔杼很快就知道了这件事，他非常生气，先把东郭姜打了一顿，怒斥她是狐媚子，不知羞耻。

东郭姜反驳说："他是齐国的国君，好色风流，用崔家老少性命威胁，我岂敢不从他？你是一个男人，堂堂朝廷重臣，竟然连自己的妻妾都保护不了，还来怪我？"

"这个该死的畜生，哪怕你是国君，我也要你不得好死！"崔杼咬牙切齿痛骂齐庄公，怒火中烧，忍无可忍。自古至今，是个男人都受不了这个辱。

两件事凑一起，让崔杼萌发了杀掉齐庄公再立新君的念头。

最终，崔杼找准时机，装病在家，引得齐庄公带人过来探视。其实，齐庄公名义上是探望崔杼病情，实则齐庄公打算私通东郭姜寻乐。崔杼早有准备，让许多刀斧手冲进去，以抓淫贼的方式杀死了齐庄公。

可怜一代国君齐庄公，竟然是以这种方式死于非命，被崔杼给活剐了，名义竟然是捉奸，这是何等耻辱的事情。

齐庄公死后，评说齐庄公的，都是负面评价。比如不能任用贤能之臣，好色妄为，被杀是咎由自取。

晏子在田野中干活，接到齐庄公被崔杼所杀的消息之后，很是惊讶，想不到齐庄公不是被晋国派兵灭杀，反而死在了一个齐国权臣手里，被杀的名头还是如此的难听。

"多行不义必自毙，果然不假！"

晏子感慨万分，这位当了六年国君的齐庄公，刚愎自用，崇尚武力，不施仁义，终究还是被他自己作死了。

公元前 548 年五月十八日，就是齐庄公死后的第二天，晏子驾车回到临淄，来到了崔杼家的大门口。

当路人和晏子的随从疑惑晏子的行为目的，以为晏子要为国君殉死时，他们劝晏子道："晏大人，可千万不要想不开啊！"

晏子摇头说道："我早就辞官了，不是国君的臣子，所以，不会殉死的，大家请放心。"

此时，又有大夫站出来相劝："晏大人，现在局势不明朗，赶快先回去等消息吧！"

晏子摇头说："如今朝廷局势不稳，如果动乱会殃及国本。我既然昔日为上卿大夫，食君之禄，为国分忧，哪怕我现在不做官了，但也是忠贞死节之人。我绝不会苟安躲避，任由暴徒乱我齐国社稷。"

众人一听，被晏子这番话所感动、折服，纷纷鼓掌。

崔杼接到报告，推开门后，见到晏子，也是一愣，他问道："晏子，你昔日可是齐王身边的忠君之臣，如今齐王死了，你怎么不殉死啊？"

晏子才不受激，而是心平气和地说道："我早已辞官，这次祸乱，从头至尾我都不清楚，所以，这都与我无关，我为何要殉死？更何况，我晏婴是忠君爱国之士，效忠的是明君，敬爱的是齐国，我绝不会背叛国家出走，当然也不会为了昏君殉死！"

崔杼闻言后，觉得晏子说的颇有道理，像齐庄公这种昏君，为他殉死之人，估计也没好人吧？

晏子不再理会崔杼，大摇大摆地走进院子，抱着齐庄公的尸体大哭，表示哀悼，哭完之后起身，跺脚冷哼离去。很显然，晏子行为坦荡赤诚，根本没把这个弑君的崔杼放在眼里。

有下人劝崔杼杀了晏子，一了百了。崔杼却摇头说晏子是齐国境内百姓敬仰的人，放了他，可以得民心；杀了他，会失去民心。所以，崔杼没有难为晏子，放晏子自由离去。

晏子虽然没有为齐庄公殉死，但他并不畏死，敢去崔杼家中吊唁齐庄公，足以说明晏子是一个有勇气之人。崔杼敢杀齐庄公，却不敢杀晏子，也说明晏子在齐国很有威望，在百姓的心中很有分量。

当然，在当时也有一些跟晏子一样有气节的人，不畏强权，刚正不阿，让崔杼也无可奈何。他不能够全部杀尽，那样会引发骚乱，不得民心，所以只得隐忍下来。

由此可见，晏子之所以能成为千古大相，被人敬仰喜欢，确实是有着常人没有的大智慧和大勇气以及大担当。

至此，晏子在齐国仕政，从齐灵公开始，到齐庄公之死，已经有九年时间。这九年里，晏子在百姓中和朝堂上已经树立了赤诚为民、敢于直谏、忠君为国和遵守礼义的形象，这为晏子今后辅佐齐景公打下了良好的基础。

## 三、不畏权臣，一心为齐

崔杼这个政治恶霸杀了齐庄公，这是以下犯上的行为。齐国的大臣们会联合起来去对付崔杼吗？答案是：并没有。

相反，崔杼的朋友庆封立刻跑到了崔杼府上，表示支持崔杼。而昔日被齐庄公崇信、提拔的大臣中，也没有一人去为齐庄公报仇。那些宠臣害怕崔杼株连他们，当天就逃离了齐国。

齐国的政局并没有大乱，而是相当平稳。临淄城内许多臣子和百姓的目光，都在观看崔杼这个恶霸下一步要做什么。

为什么说崔杼是恶霸呢？因为这个崔杼的确可恶，他先杀齐灵公立齐庄公，后又杀齐庄公，已经没有君臣之道束缚了，比三国时期的董卓还要可恶。

这样的动荡局面之下，晏子是怎样做的呢？

在立君的问题上，晏子还是很明智的，他知道自己人微言轻，说不上话，就故意漠然视之。当然，聪慧的晏子也知道，即便崔杼再凶恶，还是不敢自己取而代之去做君王，因为公室之中后代子孙众多，势力还相当庞大，他们是不会举手让国的。

另外，各诸侯国中，历史上虽然有弑君的人，但都不敢立即取而代之、改朝换代，因为这样做就会被其他诸侯国视为乱臣贼子，群起而攻之。在这种混乱局势下，晏子静静地观望崔杼立新君，他自信崔杼不敢称王。

"你们等着看吧，崔杼肯定拥立一位年幼的新君，这样，他才能把持朝政，挟天子以令诸侯，成为齐国最大的权臣。"

晏子在家中做出了判断，几位登门拜访他的大夫听完，这才稍稍安心。

果不其然，崔杼考虑再三后，于公元前 548 年五月十九日，拥立齐庄公异母弟杵臼为国君，是为齐景公。

年幼的齐景公任命崔杼为右相，庆封为左相。实际上，当时的齐景公只有四岁，还在幼年，他虽然幸运地继承了兄长的君位，却完全没有能力掌控大局。崔杼弑君后，因为大权在握，与庆封共同执政，清洗异己，而齐景公就形同傀儡，战战兢兢，唯命是从。

晏子早就看透了崔杼的想法，积极调整自己的命运方向，他要乘着这个乱局，破中求立，给自己的政治生涯开启新的一页。

崔杼为了慑服人心，居然召集朝中大臣到他府上一起开会，让他们每个人都发誓，从此效忠崔家和庆家，不得心生叛意，否则，杀无赦。跟秦代赵高指鹿为马有的一拼。

现场的大臣中还真有不怕死的忠贞之士，仰头挺胸，破口大骂崔杼是国贼。这种有气节的做法，当然惹怒了崔杼。他让武士直接把他们拖下去，砍下人头，悬挂在木桩之上，威慑其他大臣。

轮到晏子表态的时候，他面对如此险境，依然面不改色。

晏子慷慨陈词说："崔杼、庆封，你二人如此做派简直就是无道行径。我们可都是齐国臣子，不是你们的家奴。你们身为左、右相国，却挟持国君，欺压同僚，简直倒行逆施，实乃国贼也。若是你们还有良心，为了你们家族日后不被清洗，我奉劝两位，不要多行不义，否则，他日绝不会有好下场。"

"难道你就不怕被砍头吗？"崔杼冷声问道。

晏子回答："人生自古，谁能无死？人生在世，总要有所为，有所不为！你们若真有胆子，就把我等全部砍杀在这，轰动天下。到时看看齐国百姓会如何看待你二人，让各国诸侯又是如何视尔等为乱臣逆贼。到时候，其他诸侯国必然看不过去，兴兵帮助齐国清君侧，讨伐尔等奸臣，维护正义！"

晏子大义凛然，不畏强权，对于崔杼的威逼利诱不为所动。而且，晏子的话术很有技巧，他没有鲁莽痛骂一番，而是假装劝崔杼把他们都杀死在这里，引发诸侯国的轰动，到时候出兵帮齐国讨伐国贼，维护诸侯国既定的君臣规则，这是极有可能的事。

崔杼陷入了犹豫，因为晏子的话，引发了他的担忧。本来他和庆封这样威胁大臣们，是要让他们归顺自己，平息国内乱局，维系他二人的权力格局。如果做得太过，的确容易适得其反，万一真像晏子所说，引来诸侯国看不过二人暴行，出兵讨伐，那普天之下，可就再无容身之地了。

晏子看出了崔杼在犹豫，就知道自己的话起到作用了，此时不走更待何时？他立即转身，迈步走出崔府的校场，闲庭信步，十分从容。

崔杼气得手按剑柄，几次想要杀害晏子，但又慑于晏子的公众力量，最终他没有杀害晏子。

"太嚣张了，我去斩下晏小个子的首级！"庆封非常生气，拔剑就要去杀人。

崔杼劝庆封说："算了，他说的话，虽然九成都是废话，我们很不爱听，但是，也有那么一句提醒了我们，先放他活命吧。"

晏子走出大门后，手心都是冷汗。他其实是在赌命，万一崔杼和庆封听不下去，或是不爱动脑子，勃然大怒，拔剑杀了他，可能性也极大。

幸亏晏子赌赢了，庆封和手下武士没有追出来动手。

车夫把晏子扶上车，打算赶车快点儿逃离，害怕崔杼后悔，派人追杀出来。

晏子冷静说道："别害怕，保持镇定，千万不要失态。快了不一定能活，慢了也不见得会死！"

车夫一听，对自家主人晏子更加佩服了。

这次晏子的行为，不但救了自己，还救了后面那些大臣的命。事情传开，使晏子得到了齐国上下的欣赏和拥戴，更是为他日后和齐景公友好的君臣关系打下了基础。

此事过后，崔杼从晏子身上看到了老臣的效应，想着尊重老臣，和老臣保持关系融洽，就可以让世人对自己的看法有所改变。崔杼为了安抚民心，稳定局势，就起用了晏子、析归父、国弱、田须无等老臣入朝理政，安定人心。这也是晏子能够继续仕政齐景公的机会。

在崔杼、庆封专权之后，崔杼知道齐国以前跟晋国的矛盾至今还没有解除，晋国一定会讨伐齐国，齐国的当务之急就是应对晋国的讨伐。

崔杼对庆封说道："我们要在齐国安稳享受富贵和特权，就不能让晋国带诸侯来攻打齐国，否则，齐国一旦大乱，我们便有危险了。"

庆封一听，觉得崔杼说的有道理，就问他："崔兄可有什么办法，解决此隐患？"

　　崔杼叹道："除了向晋国求和，暂时别无他法。"

　　崔杼知道齐国的实力，暂时不能和晋国正面抗衡，所以，赶紧派人去晋国求见晋平公，表达求和之意，并且把所有罪责都推到了齐庄公身上，还向晋平公献上许多贵重物品；又派人向晋国的文武百官挨个行贿，才暂时免了晋国对齐国的讨伐报复。

　　公元前547年，崔杼把持朝政的时候，晏子的官职仅是下大夫，在一些和诸侯国之间交往的大事上，晏子还是没有资格参与的，但晏子在齐国的话语和主张是被朝堂上的众臣支持的。

　　自齐灵公挑起的和晋国的矛盾开始，到齐庄公和栾盈谋划讨伐晋国，再到崔杼弑君事件，已经让齐国元气大伤。这个时候晏子认为齐国要安定，百姓要得以休养，国力要得以恢复，要改变齐国和中原各诸侯之间的关系不再起战争，就必须尽快与晋国修好。就在庆封前往晋国求和不久，晏子等来了与晋国修好的机会。

　　这个机会，来自晋国对卫国国君卫献公的囚禁。

　　卫献公之所以被晋国国君囚禁，这个事还是比较有渊源的。卫献公作为国君昏聩无道，被执政大臣上卿孙林父和亚卿宁殖联手驱赶逃出卫国，然后卫国立了新君殇。

　　这样，逃离在齐国的卫献公一住就是十二年。到了公元前547年，当年驱逐卫献公的宁殖在临死前告诉儿子自己很悔恨，嘱托儿子宁喜在自己死后将卫献公接回卫国复位。

宁喜承袭父职后，联系卫献公，并且接回他，帮他复位，杀了在位的卫殇公。但是卫殇公在位时和晋平公关系交好，因为卫献公为了报驱逐之仇，围杀孙林父时误杀了晋国派给孙林父的护卫兵士。

晋平公听说卫国杀了他们驻在茅地的兵卒，认为卫献公没有把自己这个盟主国放在眼里，大发雷霆，命令元帅赵武统领兵马，踏平卫国。

卫献公和宁喜得知消息坐不住了，两人亲自来到晋国，当面讲述孙林父的逆行，晋平公余怒未消，不听解释，便下令将卫献公和宁喜抓起来囚禁。

晏子得知这一消息后，认为这是和晋国修复关系的最好时机，因为当时礼制规定，诸侯国是没有权力扣留和囚禁另一个诸侯国的国君的。晋平公其实也是一怒之下做了此事，后来也是骑虎难下，进退两难，放和不放都是没有面子，他很是苦恼。

"这是一个千载难逢的好机会，如果这时候齐国出面调解，就是给晋平公找了个体面的台阶下，我们趁机向晋国示好，修好晋国和齐国的关系。同时，也能救出卫献公，不枉齐国收留他十二年。"

晏子这番话，得到了朝中几位大臣的支持。而齐景公还年幼，他听闻晏子很有才学和贤名，对他的话很信奉，就交给晏子全权负责办理了。

所谓政治不过如此，于千丝万缕中寻求生机和平衡，晏子精于外交，能够审时度势，敢作敢为。

于是，当一切事宜商定好后，公元前547年秋，晏子和大臣国弱陪同年幼的齐景公，一起前往晋国拜见晋平公。可是当时晏子是下大夫，不能陪同齐景公拜见晋平公，只好由上卿国弱陪着国君。

但是，齐景公年幼，又第一次参加这种活动，自然有些怯场，晏子私下对其尽心地辅佐，教导齐景公在国君拜会时应该注意的礼仪和言辞应对，让齐景公鼓起了勇气，充满了信心。

晏子面对君主年幼而且还未完全掌权的情况，不退却，尽心辅佐，他相信齐景公能够成长起来。晏子在晋国虽然说不能觐见晋平公，但是也没有闲着，他一定要做到既来之就必须达成目标。

晏子殷勤又主动地拜见了晋平公的老师叔向。叔向和晏子两人本身也是神交已久，在当时是齐晋两国都很闻名的政治家，所以，两个很重要的臣子见面交流，更能达成两国和平相处的愿望。

叔向看着晏子，微微一笑道："这次晏大夫为何事千里迢迢而来？”

晏子客气地回答：“为了晋国和齐国基业稳定、和睦友好而来！”

叔向再次笑道：“我晋国是盟主之国，发展稳定，你且说说，你们此行过来，可以为晋国带来什么好处？”

外交家三句不离利益，争取最大限度为本国争取好处，维护本国利益，这才是充满智慧的外交家。叔向是，晏子也是。

晏子对叔向说了此行的正题：“晋国作为盟主国，自然有一项重要职责，就是维护正义，纠正各诸侯国违法行为，万不可助纣为虐，失去公理之心，我这话可正确？”

叔向点头说：“不错，说的有道理，然后呢？”

晏子继续说：“卫国臣子孙林父驱逐国君的时候，晋国身为盟主，没有前去主持公道讨伐这个贼子，已经失职了。如今晋国又为了这个乱臣贼子而把卫国的国君囚禁起来，这更是不合礼法的。如果晋国这样做，有失公道，会让诸侯国离心离德，那晋国地位便会摇摇欲坠，内外萌生祸乱。”

“这个……的确如此。”叔向听后微微点头，觉得晏子说的有道理，也是他最近在思考的忧患之事。其实，叔向也是一位有智慧的政治家，他自然也看出晋平公在这件事上做法不妥。

晏子趁机说道：“阁下在晋国威望甚高，又是辅助大臣，若您能亲自入宫劝谏，既能化解晋国的危险行为，也能让晋国国君借坡下驴，促成这次和谈，对晋国、齐国、卫国等都有利。"

晏子的话，句句揭露了晋国这种行为的危险性，又提醒叔向作为忠臣应该劝谏国君，而不该放任晋国助纣为虐。

叔向听后频频点头，认可了晏子的话。他作为晋平公的老师，在晋国国君面前说话有些分量，就答应晏子将此话转告给晋平公，并且他也会劝谏晋平公遵守诸侯礼义。

就这样，在晏子的大力周旋之下，齐景公访问晋国的活动取得了很大的成功，并且达到了预期的目的。既为卫献公解了围，也给了晋平公台阶下，更是修好了齐国和晋国的关系。这就是晏子的外交能力，善于调解，不辱使命。

从这件事可以看出，晏子面对强大的盟主国，坚持诸侯外交礼义的立场，以及他直谏时的大智大勇。

# 第三章
## 朝堂暗斗，风云变幻

## 一、主张弭兵会盟

晏子与诸位老臣共同努力地辅佐年幼的齐景公，改善齐国外交环境，使得齐国的局势逐渐平稳，与各诸侯国之间的关系也日渐友好。

特别是在公元前 546 年，在晏子等人的据理力争下，齐国派庆封和田须无等人参加了弭兵会盟，使得齐国在诸侯国中的形象大为改观。

弭兵会盟是一项和平反战运动。起因是春秋战国时，周天子名存实亡，各个诸侯国拥兵自立，互相征伐吞并，各国战火不断，民不聊生。造成各诸侯国疲劳困乏，百姓病苦，灾祸频仍，生产停滞。尤其那些小国，没有一天不是提心吊胆地过日子，这样旷日持久的战争伤害了各国的民生，受到各诸侯国百姓和有识之士的反对。在大家的强烈反抗下，产生了弭兵之盟。

春秋时期的弭兵之盟共有两次。公元前 579 年，第一次弭兵会盟之后，诸侯国之间只是和平了几年，因为他们之间的战争积怨和利益相争由来已久，又怎么会随着一次会盟而真正地消除。

所以，第一次弭兵之盟，仅在签订三年后就失败了，诸侯间又是烽火连天。人们再次笼罩在战火之下，饱受战争的痛苦，诸侯国之间又想起了再次弭兵会盟。

第二次弭兵之盟，发生在公元前 546 年，这一次弭兵之盟的效果非常好，自此四十年内，各诸侯国之间再也没有发生过大规模冲突，各自休养生息，修复战争的伤害。

齐国之所以能够参加这次弭兵会盟，是晏子、田须无、国弱等老臣与崔杼、庆封等权臣据理力争才得以实现的。

这又是怎么回事呢？

原来，宋国左师向戌来到齐国，邀请齐国派人去参加弭兵会盟。但向戌根本就没想到，崔杼和庆封因为害怕他们的弑君行为受到各国诸侯的责难，不但表示齐国不愿参加会盟，两个人还把向戌嘲讽一顿，使向戌尴尬难堪。

向戌离开之前，对齐国冷嘲一番，警告齐国这种行为，就是要与天下诸侯为敌。

晏子知道崔杼拒绝参加反战会盟的消息后，觉得这完全是出自权臣崔杼自己的小心思。晏子看得很清楚，所以非常着急。

"不行，这件事一定不能按照崔杼、庆封之流的主意去做，否则，齐国将要再次孤立无援，成为诸侯们讨伐的对象！"

作为一个优秀的外交官，晏子知道，这是各个诸侯国之间修复关系的最好时机，如果齐国不去参加，自己之前的所有努力将付之东流，齐国将孤立于其他诸侯国，以后齐国的处境在诸侯国之间会更加艰难。

晏子预感事情紧急，立即找到田须无、国弱等老臣，相约一起去找崔杼和庆封，几个人据理力争，要齐国参加此次弭兵之盟。

晏子说道："齐国两年前被盟军联合讨伐，使得我国伤亡巨大，至今还没有恢复元气，这一次诸侯会盟，唯独我们齐国不去，万一有人存心挑唆，促使晋国会同其他盟国，对齐国用兵以杀鸡儆猴，或是从此孤立我齐国，可就糟了。"

"晏大人所言极是，我们必须要参加弭兵之盟！"其他大人纷纷赞同附和。

这时候，崔杼也知道如果不参加弭兵之盟会的话，让国内百姓和其他诸侯国跟他个人完全对立起来，就是内忧外患了。他思来想去觉得不能得罪这个反战同盟，于是，在晏子等老臣的严词争辩下，崔杼答应派庆封和田须无参加弭兵之盟。

就这样，齐国积极地参加第二次弭兵会盟，响应了反战同盟的号召，彻底改变了齐国在诸侯国中的形象，确立了各诸侯国和齐国的友好关系。

## 二、力抗崔、庆争权

晏子主张弭兵会盟不久，齐国发生了一场内乱。崔杼、庆封二人因为争权夺利发生了内讧。

庆封和崔杼表面上合作关系紧密，实际上庆封一直想要消灭崔氏，好独揽大权，一家独大。

公元前546年9月，庆封利用了崔家内乱、父子反目之机，派卢蒲嫳率甲士来攻打崔氏。崔杼之子崔成率领家丁抵抗了一阵就招架不住，任由庆氏兵卒冲进崔府，崔成、崔强被杀死，家内的奴婢、财产被掠夺一空。只有崔明乘夜逃往鲁国，才免于一死。

崔杼得知消息后，亲自驾车从外面返回家中。到家一看，崔杼才意识到家已被灭了，他绝望地哀叹数声，自己找了一根绳子结束了生命。

自此，齐国的执政大权落在了庆封一人手中。整个崔氏在这场灾祸中家破人亡，从此在齐国的政坛上消失了。

从这次党争来看，庆封还是有些狠手段的。但此人虽说出身高贵，却没有多少内秀，甚至愚蠢自大，为人贪婪凶狠、骄奢淫逸。庆封独揽朝政时，专横不讲礼法，把年幼的国君和公室俨然不当一回事，甚至克扣齐景公的伙食，比崔杼的做法还要坏一些。

庆封的独断专行和对齐景公及公室的无礼，引得各大贵族反感，其中有公族出身的高子尾和栾子雅，他们发誓要除掉这个暴虐专横的庆封。

庆封知道此事后，想要先下手除掉高子尾和栾子雅二人，但又担心自己灭不掉他们，他就想与其他大家族一起联手围剿他们。于是他先私下去联系晏子，表明自己的想法。

晏子听闻消息之后，推测齐国祸乱将起，或许朝廷这一乱，能乱出另一番景象，破而后立。毕竟晏子也不喜欢庆封，晏子打算静观事态的发展。

晏子这样回复他："庆封大人，我家族中人数少，也没有私人武装，自己也没啥真本事，搞不了这种争斗之事，所以，就不参与党争内斗了。但是，请庆封大人放心，我一定对此事保密，绝不会泄露半分。若是成功了，晏某也定会表示支持。"

"那好吧！"庆封见晏子态度诚恳，且自甘示弱，而自己又说不动晏子参与围剿高子尾和栾子雅两大家族的行动，无奈便又去动员其他大家族。而其他大家族心底下也是不喜欢庆封，都无意参加这样的争斗。

公元前 545 年，在高、栾、陈、鲍四大家族的联手下，庆封势单力薄，没有抵抗得住他们的攻击，被驱赶去了吴国，七年后庆封这个恶人被楚王派人诛杀了。

自此，齐国历史上长达三十年的崔杼、庆封之乱宣告结束。

但崔杼、庆封之乱虽然结束，可是大公族的崛起强大，王室衰微没落的趋势并没有改变。齐景公在这场哗变下，依然未能趁机将执政大权拿回手中，而齐国依旧是各大家族执政纷争的局面。

庆封在和四大家族争斗的时候，四大家族和庆封都想挟持齐景公，以制服对方。但齐景公在晏子等老臣的保护下死守内宫，没有被任何一方挟持。随着崔杼、庆封的死亡，齐国的政局再一次洗牌，齐国的君臣和百姓似乎看到了希望。

这样的希望，离不开晏子等老臣对君主的忠心保护和极力辅佐。可即便如此，齐国的朝政大权还是落到了高、栾、陈、鲍四大家族的手里。

这个大权旁落局面，也是当时齐景公和晏子等老臣多方面权衡利弊的无奈选择，可见四大家族的势力威胁之大，纵然是晏子和君主战线统一，依旧没有办法脱离被四大家族把持朝政的局面。

### 三、平乱有功，拒不受赏

灭掉崔杼、庆封集团后，意味着最大的权臣被消灭，年幼的齐景公很高兴，他终于可以行使君主权力了。他开始对诛灭庆封集团的有功之臣论功行赏。

不足十岁的齐景公一高兴，先给晏子封赏了六十个邑，共一千八百户，这应该是对晏子的最高奖赏。当时，受到赏赐的高子尾等人都高兴地收下了国君的封赏，但是唯独晏子没有接受。

高子尾对晏子的行为感到奇怪，见面就问晏子："晏大人，您为何不接受国君的赏赐？难道嫌少不成？您是受赏最多的了，可别太贪心了。"

晏子摇头说："我不是嫌少，而是我真心不想接受它。"

高子尾很奇怪，问道："这是何故？您平乱有功，这些封赏都是国君论功行赏，是您应该得的，何必拒绝？"

晏子继续解释："崔杼、庆封之流，贪得无厌，操纵齐国政权数十年，已经权倾朝野，却还不知足，几乎想将公室的土地和财产都占为己有，丝毫不在乎齐国的兴衰，也不顾百姓的死活，是他们的贪心太大，欲望掩盖了双眼。我不希望自己变成那种人，欲壑难填就是这个道理。所以，我不想接受超过本职之外的那些赏赐，还是留给国家使用吧。"

"有道理啊！"高子尾也被晏子的话打动了。

晏子拒绝齐景公的赏赐，这件事说明晏子面对财富很是冷静，不会迷失。他清楚人的欲望是无法被完全满足的，对财富需求应该加以规定，否则会招惹祸端。

晏子高尚的言行和对财富有尺度拥有的态度以及他的人生智慧，深深地打动了高子尾，也让高子尾居安思危，冷静地想了想，要长久富贵，应该控制贪心，有所节制。

随后，高子尾将自己的封赏，也是原封不动全部退还给了公室。

栾子雅听到这事之后，把自己得到的奖赏的大部分也退回给了公室。

这是一次不同于寻常的大家族的争斗结果，以往的争斗都是胜者占有了输者的财富，而这次把所得的大部分财物返公了。尤其是晏子拒绝接受封邑的举动和他提出的福利论，在当时立刻受到了齐国朝野的赞许。

这件事到了今天，对世人的行为，仍然有着很大的启发和教育意义。

高子尾和栾子雅受到晏子的影响，也愿意把封赏还给公室，国库的财富充盈起来，高子尾、栾子雅二人因此获得了齐景公的青睐，得到了赞赏和宠信，奉命主持齐国朝政。

高子尾、栾子雅两人虽说主持了朝政，赶走了庆封集团，结束了崔杼、庆封集团在齐国的恶霸势力，但是他们才能有限，志向不够，并没有励精图治，似乎也没有想到要治理出一个勃勃生机的齐国，能维系现状就不错了。

这个时候，齐国已经江河日下，朝廷堕落，对百姓横征暴敛，百姓生产创造的财富，三分之二交给了国家，只留下三分之一维持自己的生活。国仓积蓄的粮食在生虫子，贫穷的人却在挨饿。

晏子了解这个民情之后，感慨地说："民人苦病，夫妇皆诅。"也就是说，当时的齐国就是国人百姓不堪重负，怨声载道，而当权者置若罔闻，无视百姓疾苦。

高子尾、栾子雅二人不但没有吸取崔杼、庆封失败的教训，认真治理齐国的弊政，反而在执政的时候还是任人唯亲，排除异己，不断与其他家族明争暗斗，难以相容。

特别是他们的后代子嗣，更是荒淫无度，无心治理国家，四大家族在利益上逐渐对立，高子尾、栾子雅与田、鲍等家族积怨越来越深，相互倾轧，齐国政治上的乱局仍在延续。

高子尾、栾子雅执政时有三个诟病，为世人所不能容忍。

第一诟病是驱逐了世家大臣高止。

第二诟病是谋杀了齐景公近臣闾丘婴。

第三诟病就是和田、鲍两大家族结仇积怨，特别是高、栾两家的子嗣，对田、鲍两家总是背地里诋毁、挑衅，这让田、鲍两家对他们心生疑忌。

四大家族的明争暗斗，使齐国再次陷入危机，人心浮动，国之将乱。

晏子看到这些情况，又开始忧心忡忡，但他势单力薄，无力改变现状。他虽然在齐国朝野深孚众望，但是作为一个下大夫，无兵无卒，在朝堂上还是人微言轻，更何况他的君主还是个被架空的年幼君主，自身也是处处受制于四大家族，无法给晏子更多的特权。

晏子又不愿意投奔在四大权贵门下，他就只能一边尽自己的本职工作努力辅佐齐景公，一边静观局势的变化，避祸以自保。

由此可以看出，晏子虽说胸有抱负、为国为民又忠君，人也是大智大勇，但是在仕途初期，受到特定环境的牵绊和齐国大运的限制，晏子也是走得很不容易，磕磕绊绊，可以说是仕途很坎坷。

## 四、仕途沉浮的晏子

当齐国内乱迭起，四大家族纷争内斗的时候，晏子在尽心竭力但心有余而力不足地辅佐着齐景公。这时，吴国的使者季札来到了齐国。

两个聪慧的政治家，一见面自是惺惺相惜。两人一番推心置腹的交谈之后，晏子也深刻认识到齐国朝堂无法更改的乱象，留下来危机四伏，于是晏子听了季札的话，向齐景公递上了辞呈，打算离开朝廷。

为什么一向聪慧的晏子一听季札的话就会采纳？

因为季札大不简单，他是春秋末期能和晏子、叔向齐名的政治家、思想家和外交家，还是中国历史上伟大的文艺评论家。

季札为人有品德，高风亮节，他的让国行为得到了孔子和司马迁的高度评价。季札是吴王寿梦的儿子，吴王寿梦有四个儿子，吴王和其他三个儿子都认为季札有才能、有智慧，应该继承王位，管理好吴国。

但季札深知礼义，婉言谢绝，把王位让给了哥哥诸樊。后来诸樊没有把王位传给自己的儿子，而是传给弟弟，想着这样由兄及弟，最终还是想要季札接受王位。但是到了馀昧临终，要把王

位传给四弟季札时，季札依旧拒绝不接受，并且归隐而去，最终
王位由馀昧之子僚继承。

季札不仅品德高尚，而且非常有远见卓识，心思也很缜密。
齐景公四年（前544年）的时候，季札奉吴王馀昧之命出使鲁、
齐、郑、卫、晋五国，表达吴国与中原诸侯国的通好之意。在这
期间，季札广交当世贤士，对每个所去诸侯国的局势都有自己独
到的分析，并且他的推测都实现并印证了。

季札见到晏子后，两人相谈甚欢，推心置腹，畅谈天下和时
局以及评价一些执政要人。季札在了解齐国的现状之后，对晏子
说：

"晏大夫，我看您还是把官辞掉吧。您辞官之后，就会免于
一场灾难。目前齐国的国政动荡，各大家族争权，这些集权在没
有归属到合适的人手里集中起来时，齐国将会内患不停。这样的
政局对您不利。"

"有道理啊！"晏子听了季札的建议后，想到季札让国的高
尚行为，自己又何必流连仕途，使自己与家人陷于这一场混乱中
不得安生。

晏子立即通过田桓子辞掉朝中官职，远离栾子雅、高子尾专
权的政局，再次回归山野。晏子之所以听从了季札的建议，是因
为季札的话，说出了他的心声。他早有此想法，只是一直在犹

豫，刚好季札的相劝，让晏子下决心做出选择。

晏子在齐庄公时期就辞官一次，是因为齐庄公无德，又和晏子政见不同，晏子觉得自己的谏言不被采纳才离开的。

在辅助齐景公时，晏子的谏言虽然会被齐景公采纳，但是执政的大权却在高、栾等四大家族手中。晏子的存在，不过是在尽心扶持傀儡君主齐景公时，进行读书陪伴，对一些政事说出看法，实际意义并不大。

而且，此时的晏子若全力辅佐年幼齐景公，加强王权，根本推行不通，困难重重，会被各大家族排斥打击，可谓是在夹缝中求生存。更何况，连齐景公自己都尚未成长起来，暂时还要依赖高、栾等大家族的支持和保护。

所以，晏子一直忧心忡忡，既担心国君被架空杀害，又担心四大家族作乱，互相残杀，殃及城内的贵族和百姓。所以，晏子虽早有辞官想法，却有些难以割舍。此时听了季札的话，犹如醍醐灌顶，更坚定了他的辞官想法。

但辞官非小事，晏子知道稍不小心就会让齐景公和自己有隔阂，所以他思虑再三，找到田桓子帮助自己递上辞呈。

那为什么要找田桓子呢？因为田桓子的父亲田须无和晏子都是齐国的老臣，他们一起共事，田须无是忠君爱国，尽心扶持齐景公，他的儿子田桓子继承家学，承袭父职，也和父亲一起参加了诛灭庆封集团的政变活动，为姜齐政权做出了巨大贡献，因此，田桓子成为齐景公时的重臣之一。

在高、栾执政之后，田桓子从发展和巩固家族长远利益出发，带领田氏家族采取了惠民政策，这与当时齐国公室和其他大家族对百姓横征暴敛的做法截然相反。田家在给平民百姓借贷时，采用小斗进大斗出的方式，给老百姓实惠以此笼络民心。所以，齐国的老百姓纷纷投到田家门下，一时间归之如流水。

田桓子的惠民政策，不但使田氏家族实力大增，而且使他成为在国君面前说话最有分量的大臣。因此，晏子为了能够顺利地辞掉官职，只好通过田桓子帮忙。

但是，晏子要明哲保身的辞官行为，并没有被齐景公采纳。齐景公长大了几岁，心智逐渐成熟，他很清楚晏子的人品和忠心，不想失去这么一位肱股之臣。

于是，齐景公居然做了一个很聪明的安排，既没有留晏子继续在朝中任官职，也没有让他回家闲居田野，而是给他安排了一个下放地方的差事，派他去治理阿邑（今山东省东阿县），在那里做邑宰。

这也算是让晏子达成了心愿，暂时离开了都城各大家族纷争的政治旋涡，抽身出去，明哲保身，不被朝廷争斗波及。

但阿邑并不是一个容易被治理的地方，也算是给晏子找了个事情做，用今天的话说，就是下放基层去锻炼了。

阿邑这个地方有历史渊源，在齐桓公的时候，是分封给管仲的地盘。管氏后裔很多，大多数为富商豪强，霸道蛮横，官府不好管理。这些豪强佃户很多，欺贫凌弱，地方百姓生活苦不堪言，经常爆发民变。所以，几乎没有人愿意去阿邑这地方做地方官。

晏子上任之后，亲自实地调查了民意，考察了风土民情，很快就找到了阿邑乱象的根源。如果这些当地豪族不加以约束，那阿邑就不会治理好。于是，晏子制定法令，管理当地不正之风，组织百姓修筑道路，开垦荒地，疏通河道，维护治安，净化民风，经过三年的努力，把阿邑治理得很好，百姓安居乐业。

但是晏子一心为民，讲究礼制，没有和地方豪强搞好关系，甚至触犯了豪强的利益。这就导致豪强派人到处诽谤晏子，流言蜚语漫天，还把坏话传到齐景公的耳朵里。

当时的齐景公在王宫内，听到了晏子的这些传闻之后，非常的失望和生气，他也没有派人去考察，直接一个诏书把晏子召回都城。

年轻的齐景公训斥说："晏卿，孤王派你去阿邑，是要你治理地方，锻炼基层能力，日后有机会治理国家，怎么一个小小阿邑都治不好，搞得地方百姓怨声载道，你可知错？"

晏子何等的聪明，仔细一想，便知道为什么会是这样的情况。他看到君王中了离间计，信了那些流言蜚语，于是他没有辩解，赶紧谢罪请求齐景公再给自己机会。

晏子叩首说："微臣知错了，请君上再给微臣一次机会，臣一定回去把阿邑治理好，不会再有负面评论，若是做不到，那时臣甘愿接受最严厉的处罚。"

"这才像话！"齐景公见晏子态度端正，又念他辅佐自己的忠心，只好答应晏子，再给他一次机会。

三年之后，晏子果然治理阿邑得到了很好的赞誉，这些赞誉传遍国内，齐景公对此非常高兴，觉得晏子上心了，竟然真的实现了当初的承诺，派人去迎接晏子，要当面重赏他。

但晏子面君之后却并不开心，不接受齐景公的奖赏，还打算再次辞职，这让齐景公感到奇怪。

齐景公问道："晏卿，你在阿邑治理有方，现在美誉传开，孤王都听说了。现在也赏赐了你，不算亏待你了，为何你还要辞官？"

晏子机智地回答说："臣在第一个三年任期内，尽心尽力，治理阿邑的时候铺桥修路，加强乡间防务，轻徭薄税，秉公断案，一切为百姓着想。因而，得罪了一些地方心怀邪恶之人，多是地方豪族利益受损，他们厌恶我这样做，就散播不利于我的谣言，传入宫中，有了上次被追责之事。"

齐景公此时已经接近成年，有了明辨是非的能力，思考之后，问道："那你回去第二个任期，都做了什么？"

晏子幽默一笑说："臣回去之后，改变了原来吃力不讨好的做法。臣既不修山路、水渠，又放松乡间的防务，对许多案件也不上心，对当地的豪强开始交好，给他们行一些方便。臣发现有朝廷派来考察的官员，那就进行了一点儿贿赂。结果三年过去，臣什么苦事也没做，反而在宫内宫外，都传出关于臣的许多美誉。这显然是地方豪强势力看到我识时务了，就想着让我继续任职，于是为我造势，宣传出治理地方的美名。"

"此事当真？"齐景公有点儿难以置信地问道。之前大臣做了实事，却被传得声名狼藉；后来在地方疏于治理，竟然得到了美誉。这是一个官场的讽刺了。

晏子继续说："这也许就是许多人的为官之道吧，但并不适合我。当初我尽心做事，做好的时候，却要遭到惩罚。如今在地方惰政三年，藏奸耍滑，反而得到了赞美，还要被奖赏。这种官，实在违心，不做也罢。"

齐景公听完晏子的话，很是震惊，他知道晏子的贤德，不会搬弄是非说假话，于是就好言相劝，挽留下他。此后，他不再听从谣言，坚定地把国家的政事委托给晏子治理了。此时的晏子，开始被齐景公真正地信任和赏识。

# 第四章

初任上大夫的晏子

## 一、再次访晋

在前面讲到了晏子在阿邑治理了六年，中间风格迥异，变幻莫测，大起大落，表明晏子的执政手段和一心为民的态度，最终取得了齐景公的赏识和信任，为自己在这个末世之国打开了真正的政治生涯的开端。

此时的齐景公已经成长起来，不再是当初的懵懂孩童。随着年龄的增长，齐景公想做一个有所作为的君主，尤其他心怀齐桓公那样的霸业梦想，他不想再做任人摆布的傀儡君主。

可是朝中大权落入高子尾和栾子雅的手中，他们二人专横跋扈，也日甚一日，根本不把齐景公放在眼里。再者，齐景公身边缺少其他辅佐的大臣，以前的田须无、国弱、析归父等人已经年老辞政回家，而他最信任的田桓子因为送亲晋国，被晋平公无端发难扣留在晋国。

这个时候，齐景公经过长时间的观察，又通过考察治理阿邑的晏子，知道晏子的德行好，并且足智多谋，深孚众望，忠于公室，就把晏子召回后留在身边，封以上大夫之职，让他入朝辅政。齐景公这样的安排，可以说对他们两个人的政治生涯都是最好的安排。

## 第四章　初任上大夫的晏子

此时，晏子回朝辅政，官职任上大夫，虽说是齐景公各方的需求，但更是晏子的理政才华和长时间在百姓中留下高尚德行的影响，满足了齐景公求才若渴的需求。

晏子升任上大夫之后，齐国和晋国正好发生一件事，就是晋平公的夫人少齐红颜薄命，过早而逝。晋平公失去可心之人伤心难过，茶饭不思，日渐消瘦。少齐是齐国公室之女，齐景公为表示自己对盟主晋国的尊敬，决定再嫁公室之女给晋平公做继室。

齐景公把去晋国提亲之事交给已升任齐国上大夫之职的晏子去办，可见齐景公对晏子的信任度非常之高。为了两国的友好邦交，晏子于公元前 539 年领命前往晋国提亲。

这是晏子第二次来到晋国，身份大相径庭，成为使节团的团长了。

晏子进入晋国宫殿，见到晋平公后施礼："外臣晏婴拜见晋国国君。"

"晏大夫，这次你为何而来？"晋平公询问。

晏子回答："为了齐国与晋国友好而来。我国君主得知您中年丧偶，深表哀悼。她是我们先君之女，有幸嫁给您，做了国君妃子那是她的福分，也是齐国的荣耀，奈何她无福消受这巨大福分，年纪轻轻就去世了，可悲可叹啊！"

晋平公看着晏子，隐隐猜到一些来意，继续问道："你们是来悼念孤王的亡妃而来？"

晏子说道："不止如此！除了悼念去世的齐国公主外，还有一事商讨。若您不嫌弃我们齐国，那么，我们宫中还有先君的嫡女和其他姐妹若干人，敬请您派使者到齐国挑选，以充您后宫姬妾之数，这就是我们国君的期望和请求。"

《左传》记录了这件事，晏子以齐国为弱国的姿态尊重晋国，谦恭地表达了对晋国的仰仗和友好。他外交言行得体，礼仪周全，让晋平公很高兴。

"既然你们齐王有此心意，那孤王就却之不恭了。"

晋平公痛快地答应了提亲请求，让齐国国君再送公室之女做他继室。

如此一来，晏子也算是顺利地完成了到晋国提亲的出使使命。

晋平公设宴招待晏子，上大夫叔向陪同宴饮。可见，晏子的政治智慧和外交手段很高，一席话就赢得了晋平公的赏识。

晋平公见晏子尽管身材矮小，却是举手投足颇有智慧，言行谈吐不凡，不禁愉快地和晏子交谈起来。

晋平公饮酒之后，提起当年晋文公受到诸侯拥戴时的盟主地位，询问晏子的看法。

晏子知道这是晋平公的有意试探，想要避开不谈。但是，晋平公却非要晏子谈一谈。晏子何等机智，只好不卑不亢地说："世间事，都是谋事在人，成事在天。做大事更是因势利导，顺势而为。内外形势，外交环境，自身实力，等等，这些都是影响称霸的关键。很多时候，都是时势造英雄，若时机不对，便也枉然。"

晋平公听完之后，觉得晏子说的颇有道理，时势造英雄，没有了适合的局势，就很难完成那等霸业了。现在晋国实力下降，外面诸侯也都强大起来，很难做到一国尽压天下诸侯的局面。

晋平公微微一笑，又问道："你侍奉过齐景公和齐庄公，觉得他们两个哪一位称得上明君？"

晋平公如此问，分明就是刁难人了。因为齐庄公和齐景公都是晏子先后侍奉的国君，他若背后议论国君，不论说轻了哪一位，都会显得臣子的僭越和轻狂。

晏子自然不会中套，淡淡地说道："对于国君的德行，我这个做臣子的不该妄加评说。可是您一定要我说出在下浅薄的观点，我只能说，前任国君不喜欢安静，他喜好练兵，崇尚武勇，不能控制自己的欲望，所以不能免于祸难。而当任国君年轻气盛，喜欢建造华丽宫室，并且敬奉鬼神，他的行为虽然能保全自身，却难以造福子孙后代。"

晋平公听了心中一惊，心下感叹晏子说得诚实，便又问齐景公的德行如何。

晏子巧妙回答："各国互相交往，作为臣子初次拜见国君您，按礼有些话是不便说的。既然国君您诚恳相问，外臣也实在不好意思隐瞒。说实在话，我们现在国君的品德，目前还没有什么可以称赞的，让您见笑了！"

晏子公正有己见的评说态度，让晋平公心中敬佩。他觉得齐景公有这样一位贤臣辅助，这是齐景公的福气，也是齐国的福气。

等晚宴结束后，晏子离开宫廷，晋平公对着周围大臣说道："这个晏婴机智善辩，才学五车，又品行高洁，难怪能够闻名诸侯，不简单啊！"

周围大臣都频频点头，晏子能够当着晋国的国君和文武大臣的面，谈吐文雅，淡定自若，机智幽默，回答得体，这份冷静和能力，实在令人佩服。

"晏子多智之名，果然名不虚传！"大臣们都生出了感慨。

可见，晏子的外交辞令礼仪和对自己君主的直言评价，让晋平公从侧面看到齐景公也不会差，肯定也有贤明和容谏的胸怀，否则也不会重用和依仗晏子了。可以说，晏子的言行为自己和齐国都赢得了晋平公的赏识。

## 二、老友见面预测国运

晏子这次来晋国完成求亲使命之后，立即去登门拜访老朋友叔向。两个老友有七八年未相见了，所以一见面就相谈甚欢，青梅煮酒，谈论话题无非天下诸侯的国事。

叔向问道："这些年，虽然你我未曾相见，但是我一直关注齐国的动向。贵国这几年，可是发生不少大事情。"

晏子想到了崔杼与庆封夺权之乱，崔杼被杀；后来，四大家族联合讨伐庆封，庆封逃离出齐国。两大权臣接连倒塌，引来朝廷的一轮洗牌，但很快；就有高、栾家族与田、鲍家族的明争暗斗。可以说，齐国的党争就没有断过。

晏子感慨道："的确如此！这十年内，齐国政局不稳，争斗不断，权贵大族愈发壮大，百姓生活也很贫苦，都需要一场改革让利于民，整顿朝纲乱象，才可以拨乱反正，焕发新气象。"

谈到国事，晏子对齐国的未来国势和结局等，也不敢断定。他只是预感齐国的政权难保，最后很可能会被田氏篡得。这是一个政治家冷静思考后的断言。

叔向又问："现在齐国，哪一家权贵大族对王室威胁最大？"

晏子没用思考，直接回答："田氏！"

叔向见他回答如此迅捷，问道："何以见得？"

晏子继续说道："田氏行惠于民，王室却横征暴敛。两种相反的对待百姓的态度，等同于国君在抛弃自己的百姓，让他们逐渐倒向了田氏，这是自绝社稷啊！我担心日后齐国的社稷会被田氏占有。"

叔向听晏子关于齐国政局的分析，不禁叹气道："那你还要继续拥护齐王进行改革吗？"

晏子点头："不错，食君之禄，为君分忧，我晏婴身为齐国人，世代为公卿，有义务为齐国公室鞠躬尽瘁，造福齐国百姓，不能因为道路艰难，就轻言放弃。齐王刚成长起来，正依仗我来治国。若是我能逐渐改变民生，让齐国百姓享受齐国的惠民政策，重新拥护齐王，那么就能延续齐国的国运。"

叔向听完，也打心底里敬佩晏子，这是明知不可为而为之，要为齐国换新天，通过他的治理，改变齐国的命运，非常人所能做也。

叔向说："其实并非齐国这样，我们晋国的公室也是如此，朝政懈怠，民生凋敝，军队老化，王公贵族奢侈成风，大权落于权臣之手，这些都是衰亡之象。"

晏子闻言点头，他对晋国的局势也有一些了解，知道叔向所言，都是实情。

叔向看着晏子，叹息道："只可惜我老了，不能像你这样正值壮年，精力充沛，志向远大，可以做相，治理齐国，实现自己的政治抱负。"

这时候的叔向，是很羡慕晏子的。

两位杰出的千古人物，生逢乱世，于动荡不安中寻求安身立命的方法。同时，二人又忧国忧民，渴望国君能幡然醒悟，为百姓民生做主。但是，他们看着彼此的国势运向，都充满了无力感。

晏子和叔向都看出来时局的弊端，但是，这些国君大多没吃过苦，长于宫廷之中，吃喝玩乐长大，不知民间疾苦，不可能为黎民百姓去过多考虑。久而久之，他们离百姓太远了，得不到拥护，王族公室难逃易主的下场。

叔向最后苦笑道："不想这些不开心的事情了，难得我们再次相逢，距离上一次分别已有八年，人生有几个八年，等你下次再来晋国，或许老夫已经不在世了，我们今晚非要饮个痛快不可。"

晏子虽然忧国忧民，但也是一个拿得起、放得下的智者。当下他不再考虑那些烦心事，举起酒杯，跟叔向举杯对饮，煮酒论诸侯，洒脱豪迈。

酒逢知己千杯少，两个闻名春秋诸侯间的贤哲，推心置腹地饮酒交谈着，十分尽兴。而他们谈话的内容，在后来都被一一印证。在二人对话的一百三十六年后，晋国分裂成赵、魏、韩三家。再后来，齐国政权也被田氏取代。

历史的浪潮滚滚向前，得民心者昌，失民心者亡，天演竞择。智者预知未来走向，愚者随流而下，不知悲秋。

世人世事纷纷如沙入洪流，谁又能左右这末世的方向？

晏子这次完成晋国的提亲使命后，很快返回了齐国，把事情禀明国君。齐景公对晏子顺利完成出使任务给予赞扬。

一个月后，就是公元前 539 年九月，晋平公果然派晋国上卿大夫韩起亲自来齐国迎亲，齐国则派上大夫、执政大臣高子尾负责这次送亲任务。

但是，高子尾看到晋国国君对迎娶齐国公室之女这般重视，再想到晋文公乃重情之人，一旦嫁过去齐国公室之女，必然也会受到宠幸。

"为什么一定要嫁公室之女？难道就不能嫁我高家的嫡女吗？"高子尾询问身边的谋臣。

有谋臣自然听出高子尾的意思，出言道："送亲之事全由高大人负责，而晋国国君只是要找齐国高贵血统的少女佳人续弦，具体是哪一位，并不重要。晋国国君又没有见过公室之女，也不知道其名字，高大人完全可以替换人选。"

"哈哈，有道理！"高子尾闻言大笑，这正是他的心声。

于是，高子尾来了一招"偷梁换柱"。他竟然胆大包天地将自己的女儿顶替公室之女出嫁，把公室之女嫁给了晋国其他大族公子。

负责迎亲的晋国大夫韩起对此事心知肚明，但为了晋国和齐国的友好关系，又收了高子尾的重礼，就假装不知道，默许了这件事。

齐景公后来得知此事，虽然生气，却也只能忍气吞声下去。

由此可见，齐国执政大臣弄权，胆大妄为到了何种程度！也难怪晏子和叔向对自己国家命运哀叹连连了。


## 三、四大家族争权而亡

在公元前544年晏子治阿邑，到公元前539年晏子回朝担任上大夫期间的六年，齐国的朝中大权一直由高子尾和栾子雅两人主持。

这高子尾、栾子雅二人独揽朝中大权，专横跋扈，妒贤嫉能，任人唯亲。为了巩固自己的政权，他们让自己儿子入朝，承袭父职，掌管国政。而高子尾、栾子雅二人的擅权乱政行为，也引起了国中各大家族的不满和愤恨。

因此，高、栾家族和其他家族之间的争权夺势的矛盾，愈演愈烈，已经快到了水火不能相容的地步。

晋国上卿大夫韩起来齐国迎亲拜会栾子雅时，见到了栾子雅的儿子栾施，韩起后来直言不讳地说："栾施此人不懂得为臣之道，不是一个能继承家族权势和能够保住家业的人。"

随后，韩起又拜会了高子尾，见到了高子尾的儿子高强，说出了和对栾施一样的预见和评价。他认为，高强也不是一个能够保住家族的人。

当时，齐国的朝臣大夫们听到了韩起的评价，觉得此评价毫无根据，说得很可笑，因为高、栾两家的权势，正如日中天，丝毫没有没落的表现。只有晏子认同了韩起的评价。

晏子这样说："韩起是一个有知人之明的君子，君子心诚，不会信口开河，他的预言和评价是有根据的。"

可见，晏子和韩起都是能够冷眼分析局势的人，也只有他们看到了高、栾两大家族的命运变更。

公元前 539 年十月，权臣栾子雅因病去世了。

晏子正在家中看书，听到这个消息后，顿时一惊，栾子雅去世，肯定会对齐国政局有影响。也许不久之后，齐国临淄城内，即将出现新的动乱。

晏子这样预测的根据，是因为栾子雅这个奸雄一死，他的儿子栾施才能平庸，仕途必不长久，栾氏一族的危机就要来临了。

更让晏子忧心的是朝堂政局的平衡会被打破，如果栾子雅健在，四大家族是平衡的，可以相互制约。那么，齐景公还可以左右平衡，在缝隙中寻求发展壮大的机会。姜氏政权还能够维持下去，不会出现一家独大的情况，威胁公室王族。

可是，一旦四大家族相互消灭对方，角逐出一个胜利方的时候，那它最后就会对王权构成威胁了。这就是政治的规律，晏子也深谙其道。

公元前 535 年，高子尾也去世了，其子高强承袭了父亲的职位。

至此，高、栾两家换成了新一代的执政人。

栾施和高强执政之后，鼠目寸光，能力不强，做事却无法无天，任意妄为。二人每日饮酒作乐，听信谗言，把齐国江山社稷不当回事，使得齐国朝政更加腐败。

正是因为栾施和高强狂妄自大，目中无人，做事嚣张跋扈，激发了与田、鲍等齐国各大家族的矛盾，新仇旧怨，越积越深，如同水火难相容。

尤其田氏执政人田桓子，看到老对手高子尾和栾子雅都去世后，留下的后辈执政无能，只懂贪图享乐，便开始对高、栾两家挑拨离间。他希望把高、栾二族搞得关系破裂，然后制造混乱，

将他们从齐国的政治舞台赶下去。

栾施和高强都是不顾礼义之辈，而且自从高子尾去世后，栾施想要控制高氏。他找机会杀死了高氏的家宰，驱逐高氏的大夫，安排自己的人去当高氏的家宰。高氏家臣不甘坐以待毙。

高强带人杀死了栾家派来的家臣，全家上下数百人武装起来各持武器，准备反击栾家的挑衅。高、栾两家争斗时，一直暗中谋划的田桓子觉得机会来了，他一面极力挑拨高、栾两家对抗，一面给两家许诺只要他们攻击对方，自己就会帮忙。

其实，田桓子自己组织私人武力，伺机观察。等高、栾两家动手火拼，两败俱伤之时，他就带兵乘机参战，一举打垮高、栾二族，掌控齐国大权。

可第一次田桓子的挑拨很是惊险，高、栾两家竟然最后都克制了，没有厮杀下去，这让田桓子的离间计策无法继续了，他赶紧掩饰了自己，出面调解高、栾两家初次的矛盾冲突，维系了高、栾两家的关系，如此相安无事过了两年。

公元前532年夏天，有人来给田桓子报信，说高、栾两家要来攻打田家和鲍家。

田桓子听完脸色大变，马上召集了私兵部队，发放刀枪剑戟，准备反击。同时，他也派人去给鲍家报信了。鲍家得知消息后，也立即组织私人武装，做好迎战准备。

　　但是，他们等了许久，也不见高、栾两家杀来。于是，田桓子就派人去打探情况。结果，才知消息有误，所谓的高、栾两家要来攻打，只是高强和栾施中午喝酒时，无意说出的酒话而已。估计二人是喝大了，吹起了牛，说要带兵攻打田、鲍两家，一举消灭他们之类的酒疯话，并不是真的要来攻打。

　　"原来是虚惊一场啊！"鲍家的家主鲍国松了一口气，就要遣散兵马。

　　但是，田桓子却不这么想，他觉得这是一次千载难逢的机会。

　　"酒后吐真言，我们不能掉以轻心。再说了，这次消息是假的，但我们两家已经召集了兵马，磨刀霍霍，弓箭在弦，弄得临淄城内的人都知晓了。一旦等高强、栾施酒醒之后，听到这件事的过程，一定会怀恨在心，真的来攻打我们。"

　　鲍国听了田桓子的话后，也觉得有道理，问道："那你打算怎么做？"

　　田桓子把心一横，语气坚定地说："与其被动挨打，不如趁着他们喝醉酒，现在就带兵马去把他们给灭了，先下手为强，占据先机！"

　　鲍国一想高、栾两家的实力，比他们田家、鲍家要强大一些。如果让他们准备好了来攻打，田家和鲍家联手，也不是对手。倘若现在主动出击，会打高、栾两家一个措手不及，胜算很大。

"好，就按你说的办！"鲍国跟田桓子私交很厚，也很相信田桓子洞悉世事的能力，所以，决定跟着田桓子大干一场。

田桓子见鲍家答应了，微微一笑，终于放心了，说道："我们合兵一处，先去攻打栾家！"

栾家没有准备，被打得措手不及，里坊的房子被烧毁，私兵部队也伤亡过半，苦苦支撑，眼看要抵挡不住了。

高强得知消息后，直接吓得酒醒了，打算带兵去帮栾家解围。毕竟高、栾两家才是联盟，唇亡齿寒的道理，他还是懂的。

但是一位高家谋士说道："高大人，我们应该先去王宫，把国君挟持过来发号施令，名正言顺地逼迫田家和鲍家的人束手就擒，如果田家和鲍家的人不听，执意反抗，那就是抗旨不遵，到时候联合临淄城内更多家族的兵力去对付田、鲍两家。"

高强一听很有道理，就采用了这一计策。

他派一位得力家将带着数百人，手持武器，冲向王宫，想要把齐景公给挟持过来。

但是，他们去晚了，宫殿门前有一队官兵严阵以待，在官兵正中，有一位个子矮小，却一脸正气之人，正是晏子。

晏子听到田家和鲍家带兵去攻打栾家的消息，就猜到了他们一定会来王宫挟持齐景公。于是，晏子提前一步入宫，调动了宫廷兵马到宫门前严守，不让任何兵马强闯王宫，以此保护齐景公。

这时候，四大家族都有家将带兵过来，却谁都无法入宫掠走齐景公，以达到挟君主给对方定罪、讨伐对方的目的。于是，四大家族兵马在宫城门口形成对峙，越聚越多，很快达到了数千人。这使王宫门口压力剧增，形势十分危急。

当时情形相当混乱，宫城内官兵严防死守，宫城外四大家族的武装力量相互拼杀，乱作一团。这个局面对齐景公非常不利，也对整个国家安稳不利。

正在守着宫门的将军问向晏子："晏大夫，我们要助田家和鲍家吗？"

晏子摇头道："他们值得我们帮助吗？"

守门将军一听，十分不解，继续问："难道我们要帮助高、栾一方吗？"

晏子平静地说："他们比田家、鲍家更占道义吗？为何要帮他们？"

守门将军更糊涂了："那我们要支持哪一方，难道就这样看热闹？"

晏子轻笑道："对了，我们就这样两不相帮，保持公立态度，不论哪一方最后获胜，都不会怪罪我们资敌。而且，他们两败俱伤，对我们公室王族也有利。"

守门将军这才明白过来，对晏子的用计很是佩服。

随着四大家族的混战，伤亡不断扩大。现在主动权渐渐掌握在齐景公手里了，因为四大家族都在等待齐景公的支持。他站在某一方，那么另一方就会成为乱臣贼子，群起而攻之。

"晏卿，你觉得我们该帮助哪一方？"齐景公想来想去，一时难以做出选择。

晏子出言劝道："国君，依臣所见，高强和栾施专权已经惹得天怒人怨、众叛亲离，现在他们想着挟持君主，实在罪不可赦。田、鲍两家不候君命，擅兴兵甲也是有罪。但是到底帮谁，还望国君自己定夺。"

晏子的话看似模棱两可，指出各方势力都有错，但隐含的取向明确。高、栾天怒人怨，剩下的田、鲍两家虽说也有错，但可以借用他们的力量，除去惹得天怒人怨的一方。

齐景公听了之后，思量再三，决定帮助田、鲍两家打败高、栾两家。毕竟高、栾这两个家族，对自己以及政权的伤害已经很久了。他们平时藐视王权公室，灭掉是完全可以的。齐景公想要改变现状，寻找到中兴齐国的希望，赢取更多的王权空间。

毕竟此时的齐景公已经成年，内心对王权和霸业也有了自己的规划。因此，齐景公派人秘密联络了田桓子，明确了要联合田、鲍两家，一起里外夹击，进攻高、栾两家的兵马。

田桓子接到密诏，很是高兴，这算是天助他田氏了，他立即按既定策略行事。

这次行动很顺利，田、鲍两家剿灭了高强和栾施的叛乱，结束了高、栾两家的执政时代。可以看出，关键时刻还是晏子的分析，对齐景公起了引导作用。

公元前 532 年七月，栾施、高强兵败后，带着残余势力，逃向鲁国去了。

# 第五章

## 晏子出任相国

## 一、受命任齐相

在四大家族争权夺势，巩固自己权力中心的过程中，晏子作为一个政治家，自然也要为自己选择一个更适合发展的权力集团作为靠山。而这个时候，唯有公室才是他大展抱负的基地，虽说这个基地摇摇欲坠，但也不是哪个家族就能立刻替代的，如果晏子自己能拥有公室的权力，或许他就能够大有作为。

历史长河滚滚，可以想见，无数个日夜，晏子都在面对齐国这盘大棋做思考。他心怀齐国，忠君为民，看透了四大家族的私欲和无尽的争夺之战带给国家和百姓的伤害。最终，他做出了一个决定，那就是出任齐国大相。

笔者大胆地思考，晏子出任齐国大相，貌似齐国当时政治演变发展的结局，但是再想，又何尝不是晏子自己选择了齐国大相这个职位？他心怀天下，具备常人所不能企及的雄才谋略。在那个纷乱时代，晏子明白，只有作为齐国大相，才能按自己的理想追求辅佐齐景公开创一个理想的齐国。晏子做出了这样清晰明了的决定后，也就清楚了自己的政治抱负和追求，而要实现这些，他不想和别的家族一样卷入争权的旋涡，他决定精心辅佐齐景公，这对于晏子来说是最高瞻远瞩的选择。因为作为齐国大相，就拥有了齐国的管理权、执政权，努力地辅佐一位治国思想还不明了的齐景公，胜过和四大家族一起蝇营狗苟。

但是齐景公此时的后台基础很是薄弱，根本就无力支撑一个偌大的齐国。齐国公室与齐国各大家族的势力，有着不可分割的关系，他们相互依存，又相互博弈，在这样的动荡中彼此寻找着生机。

所以在这种情况下，晏子看到了四大家族在争斗过程中都选择争取齐景公的时候，他果断地做出了自己的选择，那就是帮助齐景公做出选择，找到利于齐景公和公室的合作伙伴。这个时候，谁对公室的发展有利，危害小，谁就是齐景公的政治伙伴。表面看，这是晏子的选择，其实也是齐景公的选择，从中可以看出晏子忠君爱国，也可以看出晏子为自己的政治生命精于谋划。

在田家、鲍家的权力角逐下，在晏子的决策下，齐景公胜出。高、栾两家被打败，高强逃走，栾施不知所终。高、栾两家的政治统治结束。这样的安排和选择，令晏子所处的政治环境变得宽松，对权力的可控性更强，在齐景公面前的分量更重了。

资源利益和权力的占有，一直是战争的目的。晏子很清楚战争的最后是为了什么。维护自己的利益是每个人的本能，晏子也不例外，纵然他作为齐国大相，为国为民，那也是权衡了各种利弊才做出怎样保护自己权益的行为。

当田、鲍两家靠着齐景公和晏子的相助胜出后，他们趁机瓜分了高、栾两家的土地和财产，占为己有，并不把公室放在眼里。晏子看到田家和鲍家不经过君主许可就瓜分了高、栾两家的财产和食邑封地，觉得放任他们这种无视君主和公室的态度，对国君和公室的威望不利，也对自己不利。

晏子心想，我日夜谋划，冒险借你们的手打败了高、栾两家，为的是辅助齐景公，大展我的政治抱负。你们却坐享其成，此时我若不出手干预你们，那今后公室将会更加虚弱，我的努力不就白费了吗？

为了自己的治国情怀和对天下百姓负责，晏子决定把高、栾两家的财富为公室追回来，以扩充公室的库房，为百姓造福。

于是，晏子决定以为君为国的忠臣之名，为君主为齐国追回这些本属于公室的财产和土地，以此警告田、鲍两家。也是以此重新树立和巩固公室的权力，告诉田、鲍两家应该守住身为臣子的本分，君主以及整个公室的存在是不能被忽略的。在齐国，真正的老大应该是晏子忠心辅佐的齐景公。

这个决定体现了晏子面对强权和蛮横的大家族势力无畏无惧的态度，这也是晏子给自己积极争取在政治上的阵地和机会。若是这次晏子没有争取，齐国和晏子都将是另一种命运，历史上有没有晏子春秋都将另说。

晏子的思谋是缜密而又智慧的。齐景公虽弱，但作为臣子还是要忠于君主，为君主和国家筹谋，这样，自己进入仕途才有意义，匡扶正道，成人成己。不然，就得弯腰侍奉家族强权势力，拍马溜须，失去做士大夫的尊严。侍奉强权对于忠君爱国又有自己政治抱负的晏子而言，那是万万不可做的。

更何况，此时的齐景公已经长大，他有机会执掌大权，中兴齐国，对晏子来说，是可以一起努力，破釜沉舟，搏一次齐国的未来的机会。所以，晏子想趁此夺回本该是公室拥有的高、栾两家的财产，警告田、鲍两家，是他必须做的事，唯有如此，晏子才可以在齐国大展身手，实现自己的治国理念。

这一天，晏子思考好了策略，他找到了田桓子，以一种维护公室、维护君主利益的姿态，直面说出了自己的观点。

晏子质问田桓子："你为何没有经过君主的许可，就分掉了高、栾两家的财产？可别忘记，高家和栾家的后人是因为目无君主，贪婪跋扈，忘记了君臣本分，才遭了灭家之祸。他们两家刚失败，你就要见利忘义，做得比他们还过分吗？"

晏子还指出高、栾两家的兴起，是因为他们的父辈灭了庆封和崔杼这两个奸贼，立了助国的功劳，并且高子尾和栾子雅事后都没有接受君王的赏赐。所以高、栾两家的父辈最初深受君主的信任，才享有了万般富贵和特权。

如今他们的后人犯下骄奢霸横无视君主的大罪。田大夫出兵讨伐高强和栾施的专政，可以说是为君主和国人进行的讨伐，这是值得国君奖赏的事情。

晏子正义直言田家私占高、栾两家的钱财，是不合制度规定的，晏子还犀利地指出田家这样做的行为是无视君主，所以才肆意出兵，所以才肆意瓜分高、栾两家的钱财。晏子在这一刻已经给田家戴上了不义的、失去了臣子本分的帽子，这样的可以被杀头的帽子，田家肯定不能要。

但是晏子的目的不是为了揭露田家的嘴脸，而是为了要回财产，维护和保持齐国政局的平稳。所以晏子提出了一个田家不能选择的建议，而这个建议只是损失田家到手的财产，又能使田家得到更多民心的办法。晏子建议田家一定要把他们夺来的栾、高家产上交给公室，这才是君臣道义，符合国家法制规定。否则，一旦僭越公室权力，聚集占有本是公室的财物，就会给田家的家族都带来灾祸。

"有道理啊！"田桓子听完之后，觉得晏子说的对，他不能为了眼前的利益忘掉长远的利益和方向。于是田桓子就把抢过来的土地和财产交还给了公室。

不仅如此，为了获得更多民心，田桓子还把十年前被高子尾赶到别的诸侯国去的公子、王孙们给迎接回来，把预留的一些土地和财产分给他们安家落户，又把多余的粮食分给穷苦的人。于是，田桓子获得了好名声，大家都很感激他。

做完这些，田桓子立即入宫向齐景公提出要辞官回家。

当然，请辞养老也不过是田桓子对此前行为的遮掩，以退为进，表达自己认识到了自己的错误，是一种认错的诚恳态度。他希望由此可以淡化一下自己私吞人家财产的恶劣影响。他好不容易大权在握，权倾朝野了，是不会真的辞官的。齐景公自然不能同意，还把栾家一块最肥沃的土地赐给了田氏，彼此都下了台阶。

这一次，晏子用自己的谋略和胆识，压了田家一把。他既让公室的财产没有受到损失，也维护了齐王集团的权益。同时，田桓子长期以来花大力气营造的好形象也得以保全，可谓一举三得，几方都受益了。

那齐景公为何没有同意田桓子辞官呢？

如果齐景公同意了，百姓们就会认为国君不能容忍田桓子这等仁者而把他迫害走，对齐景公的名声会有很差的影响。而且，当时政治也需要田桓子，可以抗衡其他家族，达到一种平衡。此外，田家势大，更需要拉拢和安抚。齐景公明知道田桓子的辞官就是做戏，不可能真的同意。否则，齐国会招惹更大的乱局。

至此，田氏就成了齐国最强大的家族。

　　齐景公当然看出了这种局势，他要为自己选一个理想的相国，帮扶自己实现自己的政治抱负。他回顾了齐国公室与各大家族之间相互残杀的历史，从齐灵公到他自己，四十多年来的政局沉浮，朝堂大权旁落，崔、庆之乱，栾、高、田、鲍四族之乱，因为不断的内斗消耗，和擅权家族的专横贪婪，相互倾轧，齐国很多大族已经被诛灭。

　　而眼下，田、鲍是齐国势力最大的两大家族，特别是田氏受到朝野的一致拥戴，不但已经逐渐形成了一族独大的局面，而且大有取代姜齐朝政之势。

　　这个时候断然不能把大相之职给田家。而在辅佐自己的大臣中，自己最倚重的只有晏子和田桓子，齐景公想到这里，心中有了选择。

　　在齐景公眼里，晏子和田桓子都深得民心，但是田桓子的心中更多的是为他的家族发展考虑。而晏子在辅佐自己的时候，虽然有时候不顾及自己这个君主的脸面，犯颜直谏，但他心底无私，一心为齐国为百姓且忠于自己。尤其这一次面对田家侵吞财产的事情，晏子冒着得罪田家的危险，可以说是虎口谋食一般维护了公室的利益，也体现了晏子的政治实力。

　　对比之后，齐景公心里有了选择。在齐景公十六年（前532年）十月，晏子被齐景公授予相国之职。

自此，晏子的政治抱负才开始真正施展。晏子做相国以后，更是尽心辅佐齐景公，为百姓筹谋生计，施展自己的政治才华，成就自己的政治梦想，为齐国鞠躬尽瘁，打造国泰民安的中兴局面。

## 二、晏子的忠臣论

晏子做了齐国的相国后，身份地位突变，成为一人之下、万人之上的百官之长。晏子没有扬扬得意，反而严于律己，开始兢兢业业地治理齐国。

这个时期，政务都是晏子来处理。但是，在晏子做相国之前，齐国很多政务已经被荒芜，此时可谓百废待兴，万事都需要他重新整顿和开展工作。

晏子执政后，尽心竭力处理政务，派人重新修订了《齐国律》，删减了许多重刑，把许多不合理的地方去掉。晏子对赋税、徭役、农业生产等，都提出了新的观点和策略。由于晏子在地方从政过，深知地方百姓的疾苦，所以，晏子推行的新政，采取一定的惠民政策，对地方百姓休养生息有好处。

从公元前 532 年晏子当上相国开始，晏子几乎每天都入宫面见齐景公汇报工作。这样一来，他与齐景公频繁见面，二人关系日渐密切，经常在一起谈论国事政务和齐国的发展前途。

尽管和齐景公关系变得密切了，但晏子是一个十分冷静并且知道分寸的臣子，不会恃宠而骄。他只是一心一意地辅佐齐景公处理朝政，从不对齐景公曲意逢迎。晏子始终严守为臣的本分，为国操劳，冷静地保持着臣子和君主应有的距离，无任何僭越行为。

公元前531年的冬天，晏子进宫和齐景公一起商讨国事，那天的天气寒冷，齐景公觉得身上不适，随口就吩咐晏子出去给自己弄点热东西来吃。

晏子拒绝执行，直接回答："这不是相国该做的事，君主还是找其他人干吧，我干不来！"

这时候晏子的做法和说辞，在许多宠臣眼中，就是抗命了。在现代人眼中，那就是不会来事儿，不懂得曲意逢迎服侍好大领导。

但这就是晏子的品行，他心中有着对相国身份的尊重，有着伟大的使命感。若要别人敬重他，必先自重，晏子内心应该就是要借着这个细节，来建立自己作为相国的人设和地位。

"既然不弄吃的，那你去帮我取件衣服御寒，这总能行吧？"

齐景公心想，既然你不取吃的，那我让你取衣服总可以了吧！他想要将相国随意使唤，这才是君王的尊严。

晏子还是摇头拒绝："这也不是我职责范围内的事，我不能去做。"

两次被拒绝，齐景公受不了了，心想这个人怎么这般倔强呢！

齐景公脸上挂不住了，他气恼地问："相国，你身为臣子，连这点儿小事都不想为我做，我要你做什么？"

面对齐王的灵魂质问，晏子倒也不怕，先是躬身行礼，说出来的话掷地有声。

晏子说："君主，臣乃治理国家的社稷之臣，自然是不能侍奉您穿衣吃饭，这等小事是有专人侍奉您的。"

齐景公一愣，明白晏子说的有理，他很是无奈，国君自然知道什么是社稷之臣，刚才也不过是因为跟晏子亲近，就忽视了这些细节，当成仆人来用了，的确对相国不够尊重。

齐景公明白是自己做得不对，但自己可是一国之君，凭什么不能让臣子给自己做些琐碎的事情？被这样拒绝太没有面子了。但晏子有理又有礼，齐景公自己不能不讲理。

齐景公不自然地呵呵一笑，就顺着晏子的话转移话题问道："那相国来说说，什么是社稷之臣？"

晏子明白齐景公深知社稷之臣的含义，他从小为帝王，看都看清楚了。但是，晏子有自己的独特见解。

"臣觉得以振兴江山社稷为己任，忠君爱国，心系百姓，定国安邦，挽救朝廷于危难，不结党营私，始终以家国利益为首要，个人名利并不在意，才是社稷之臣！"

齐景公闻言点头，倒是明白晏子的心中大义，坦坦荡荡，说到做到。

"看来，寡人没有选错人，让你当相国就对了。"

晏子回答："既然君主不嫌弃我才疏学浅，让我做齐国大相，那我肯定要尽心尽力地做一个社稷之臣，为我齐国大业用心筹谋。"

齐景公听完后，心中对晏子多了几分敬意，也有几分庆幸。因为他有此铁骨铮铮的晏子相国辅佐，何愁不能大兴齐国？

当时齐景公就在心里划清自己和晏子的微妙距离，再没有超越那个距离。既然晏子只专心做社稷之臣，那齐景公就放开束缚，用他专心治理国家。齐景公就这一个优点：容易接受谏言。他立即召唤宫中侍从过来服侍，为他端茶穿衣，这些小活儿，的确不宜劳烦相国去做。

几天之后，晏子与齐景公一起谈事，提起齐庄公被崔杼杀害后，齐庄公身边的勇士，有的为齐庄公赴死，有的为齐庄公寻机报仇，有的则背叛了齐庄公，投奔了崔杼等，各有不同选择。

说到这里，齐景公心意阑珊，有些羡慕齐庄公那批勇士为他誓死效忠。他觉得那份情谊感天动地，若是有人为他赴命效忠，那就太有成就了。

齐景公于是询问晏子，如果在危难时候，他是否肯为君王舍生取义，慷慨赴死？

如果是一些聪明滑头的大臣，肯定在这时候好好表现，把话说得感人又漂亮，反正都是假设，动动嘴而已，又不是真去赴死。如果真有那一天，再看具体情况了，找借口反悔也来得及。

但晏子却懒得敷衍，直接来了一句："有难不死，出亡不送。"

晏子的意思简单明了，就是说你死就死呗，我才不为你搭上命。你逃就逃呗，我也不会为你亡命追随。听上去，似乎无情又无义。

齐景公顿时很受伤，他亲自任命的相国，竟然对自己是这般态度，简直就是忘恩负义啊，一点儿不顾君臣情谊。

齐景公满脸疑问地看着晏子，希望得到一个合理的解释："你怎么如此冷漠！我任用你做相国，位居一人之下，万人之上，富贵荣耀。结果，孤王遇难时，你却要抛弃国君。你这算哪门子的忠臣，可还有半点儿君臣情谊？"

估计齐景公心中觉得面前的晏子，就是一个养不熟的白眼狼！

这时候，晏子看到齐景公生气了，反而哈哈一笑，幽默说道:"只要君主您信任我、重用我,采纳我的谏言,推行我制定的政令和外交策略,就不会出现危难和逃亡的情况。如果真出了那种情况,肯定是没有听我的劝谏,根本没有信任我,就如同灵公、庄公一般,根本不听我言,他们出事,我不会殉死,也不会逃亡,这就是臣的观点。"

听至此,齐景公心中怒气平息,明白了晏子话中之意,也有了一些新的感悟。他认为晏子说的有道理,有晏子辅助,如果国家发展强大,就不会遭受外部的欺压,内部朝堂安稳,大家族势力平衡,王族也会稳定,这样确实就不会有危难了。

晏子在后来的政治生涯中,确实如当日和齐景公所言,做到了一个忠臣的要求:刚正不阿,胸襟坦荡,不蝇营狗苟,不掩饰君主的过失,对君主的过失当面劝诫,并且不到外面去宣扬君主的过失,又让君主及时改过,保护君主名誉。

当然,上面这些例子只是晏子忠臣论的一部分,另外还有:忠臣选拔人才举贤任能不偏私,忠臣对大贤大德不嫉妒,等等。晏子关于忠臣的总结很多,也都是晏子自己的日常坚持行为,或许对于别人很苛刻,但他都能一一做到,表达了一种高贵的思想和品德。

## 三、推行以礼治国

晏子在担任相国，辅佐齐景公之时，主张以礼义治国。但春秋时期，周天子式微，大家族相互倾轧，诸侯之间相互讨伐，战乱不断，民不聊生，天下礼崩乐坏，很难用礼义来规范天下人的行为。

晏子经历着春秋时期的动荡，明白"礼义"的重要性，所以对齐景公谏言以礼治国，只有从上而下重新普及礼法，提高士大夫的素养和礼义廉耻，贵族才能安分守己。

公元前 530 年，晏子指定新的政令法规，推行礼义治国的许多规章制度和行为准则，先在宫廷和临淄城内试运行，然后普及各地。此法推行之后，上行下效，对齐景公的影响也很大。齐景公做事也要问于情于理是否合适。

公元前 529 年春，齐景公带着文武大臣来到一个叫作沛邑的地方打猎，看到管理山泽的小官，就挥着自己打猎的弓喊话，示意小官过来询问事情。结果山泽官员站在那里没有动。

齐景公很是生气，就派侍卫把小官抓了过来，要问他的罪。

小官虽然害怕，但还是做了辩解："原来先王打猎，用旗子召唤大夫，以弓召唤士人，用皮冠召唤虞人。而我就是虞人，我没看到君主用皮冠召唤我，所以我不敢近前，担心失礼被问责。"

齐景公听了他的话，觉得虞人遵守礼制，他的话也合礼制，顿时就不生气了，下令放了这名地方官员。

这个故事，从侧面说明晏子推行的礼制，在齐国是成功的。

晏子重视仁义，推行礼制，减少一些刑罚、体罚很重的严刑峻法。以礼治国是晏子治国方略最为重要的部分。

公元前526年秋，齐景公带文武大臣北巡视察。他看着满山秋色，荒野凋敝，忽然有些感伤。他询问身边相国晏子，百年之后，这齐国大好河山不知会归谁拥有。

晏子看着无端悲伤的齐景公，知道他又在胡思乱想了，于是故意刺激他说："大概会归属田氏吧。"

齐景公问："何以见得？是因为田氏家族现在势力发展很快吗？"

晏子回答："因为田氏能慷慨地对百姓施舍恩惠，笼络百姓，齐国百姓现在爱戴田氏。正所谓得民心者得天下，田氏在抢夺民心，由此观测，齐国将来恐怕会归田氏所有。"

"得民心者得天下！"齐景公喃喃自语，忽然间有所感悟。

晏子继续解释，只有推行礼制让每个国人都遵纪守法，按礼义办事，减少祸乱，人人知道礼义廉耻，遵守君臣道义，逐渐获取民心，才能一点点改变田家对公室的威胁。

当然，晏子说的礼制并不是只针对田家。其实在礼制的管理下，社会各阶层人也会各得其所。贵族和官吏有了礼制的约束，就不会失职渎职了，朝廷大臣们也就不敢贪赃枉法。这样子礼制教化，天下民心不散，百姓依旧拥护公室，就能保住齐国社稷。

齐景公觉得晏子的观点非常好，算是一种统治的良策。但是，齐景公对礼制治国还是怀疑，毕竟战乱时代，用严刑酷法来治国比较直接。不论是诸侯对周天子，还是国内各大家族，对待王族公室时，都是使用丛林法则：谁的势力大，谁才受到尊敬。弱者哪怕施展礼义也不会得到强者的尊重。

但晏子精通历史，深知礼义，更明白真正的统治是思想的统治，是用好的制度服务百姓，用文明的礼制教化百姓。而且礼制治国由来已久，在古代，夏有夏礼，商有商礼，各朝各代都在努力用礼来营造一个发展繁荣的国度。

因此有了周王兴礼乐，这是一个很成功的以礼治国的例子。

晏子想在齐国全面施行新礼，发行天下，按照新礼，上下实施，潜移默化地影响百姓和诸侯，这样礼制会逐渐起到作用。在晏子的努力劝说下，齐景公终于全面接受了"以礼治国"的大方针。

但施行两年后，有一天齐景公举行射礼，忽然对晏子表示自己厌烦通过大射选拔人才这套礼义，他自己真正想的是如何得到天下的勇士来依附，帮助他实现霸业。

晏子一听，就知道齐景公又在想武力称霸的事，于是晏子立刻拿出自己做相国的威仪，义正辞严地讲述礼的重要性和没有礼义的可怕。

如果百姓不讲礼义，就是飞禽走兽。那些只会杀人斗狠的勇士不知礼义，如同一把利刃，最后反伤他的君主。过于无德的晚辈不讲礼义，就敢谋害他的长辈。

晏子还阐明，世人之所以不敢明目张胆地去做坏事，就是因为有礼法约束，礼就是行为规范，礼义就是用来统治国家的，不重礼就能治好国家的事，根本不存在。

齐景公在晏子的强势谏言下，想到晏子也是为了齐国稳定才如此用心，便压住内心的浮躁，认真举行射礼，并且和晏子更换坐席，把晏子视为上宾。这是晏子的能力，也是一个末世之君在努力寻找治国出路时的迷茫，更是想要找到好的治理国家方法的态度。

# 第六章

谏君为国,省刑宽政

## 一、踊贵屦贱，数罪止罚

晏子自从公元前 532 年担任相国辅佐齐景公，在他的任期，留下了很多机智劝谏的故事。

其中"踊贵屦贱，数罪止罚"等故事，尽显晏子谏言时的智慧。这些故事也表明在大相国的眼里，君主的举手投足都关系国家的利害荣辱，必须严格注意。

自齐桓公之后，齐国的几位公子为争夺王位，打得不可开交。接下来的几任齐王也因继承问题而不断内斗，再加上与其他诸侯国的争夺战，齐国一直处于内忧外患的动荡中。内外俱耗的局面削弱了齐国的国力，致使齐国国势逐渐衰弱，尤其是后来的几位齐国国君，个个是骄奢荒淫、暴敛无度的昏君。在经历了几轮内乱后，齐国越发民不聊生，昔日威震四方的盟主国，其统治江河日下。

这样的情况持续到公元前 547 年，齐景公即位时，齐国的国力愈发衰弱。虽然齐景公后来产生了复兴齐国霸业的想法，但即位之初的他，由于打小生活在王宫内，对公室的奢侈生活司空见惯，因此，让他立刻来个一百八十度大转弯，彻底改变生活作风，也是不现实的。

继位初期，齐景公保持着一国之主的生活水准，该吃的吃，该玩的玩，不管齐国民生多么艰难，他自己身为君王的生活质量不能降低。在治理国家方面，他也没有对齐国的暴虐苛政进行多大改善，仍沿用重刑之法。奴隶社会向封建社会过渡时期，许多地方还把人当成牲畜一般进行买卖，甚至恶意打杀。此时齐景公的心中，还没有为百姓做事的意识。

在《史记·齐太公世家》中，司马迁这样写道："景公好治宫室，聚狗马，奢侈，厚赋重刑。"

用今天的话翻译过来，就是说齐景公这个人，喜欢修建宫殿楼台，爱好声色犬马，生活奢侈靡烂，是个享乐主义者。治国方面，对百姓征重税，对触犯律法的民众施重刑，处罚苛刻。

在这样的背景之下，晏子为相后，致力于劝谏齐景公省刑宽宥、减免刑狱，并把这件事作为治国施政、匡正时弊的头等大事。

因为晏子明白，必须要改变，除非公室想要灭亡。

从后世的角度看，晏子还是很有办法的。他千方百计劝谏君王，常常"语不惊人死不休"，想要一语惊醒齐景公，以期使其自省错误，做出正确的执政决策。

传说有一次，齐景公生了疥疮，久治不愈，背部的剧痛折磨得他寝食难安。于是迷信的齐景公大兴祭祀，试图通过禳祭来消除疥疮，结束痛苦。然而举行了几次祭祀，都没有取得效果。齐景公感到非常不满，又听信了奸臣的谗言，便怪罪主管祭祀的官员在为他祭祀时用心不诚，要杀了祭祀官。

晏子很是反对齐景公这种无端杀人的暴行，他想了想就进宫劝谏。

晏子其人，聪慧又谨慎，面对因为疾病而痛苦、暴躁得几欲杀人的齐景公，他小心翼翼地躬身行礼，阐述了一个齐景公自己都没有想到的逻辑。

晏子说："君主，祭祀官在祭祀时，必须对神仙说真话，讲好话，这样神仙才可能赐福于您。因为神仙都是公正的上神，他们只会赐福于善良的人。如果您每天实行暴政、苛刻百姓，动辄就要杀人，那么神仙怎么会赐福于您呢？再说……"

晏子说到这里就停住了，他想确认齐景公是不是在认真听。果然，齐景公听进去了，他急忙追问："再说什么？"

晏子接道："再说，祭祀官也不敢把您的这些真实情况告诉天神啊，他要是如实说了，天神还能保佑您吗？还能赐福于您吗？您的疥疮没有加重，您应该感谢祭祀官替您隐瞒，怎么还能杀他呢？"

齐景公听了，想想确实是这个道理，祭祀官要是把自己的实际情况告诉天神，自己受的惩罚怕就不是生个疥疮这么轻松了。

于是，齐景公饶过了祭祀官，他的病也慢慢地好了。

晏子总是在日常生活中发现问题，并及时向齐景公进谏，最终使事情得到正确解决。在与齐景公的日常交往中，他也会及时地提出自己的意见，纠正齐景公不切实际的想法，努力改变齐景公滥施酷刑的行为。

在晏子和齐景公的努力下，齐国的境况逐渐好转，国力日增。看着越来越繁荣昌盛的齐国，齐景公产生了想要成就类似齐桓公那般霸业的想法。

有一次，齐景公跃跃欲试地向晏子表露了自己的野心，说希望在晏子的辅佐下，自己能够创立齐桓公那样的霸业。

讲话之时，齐景公站在高台上俯视远处的城郊，触目是静谧壮美的山河，他的内心充满了意气风发的豪情壮志。

齐景公静静地注视着晏子，等待他的回答，预备和他一起奋斗，成就一番霸业。

晏子听完齐景公的计划，用澄澈而又深不可探的目光凝视齐景公。那一刻，齐景公以为晏子的内心应该是和自己一样激荡起伏，充满了对霸业的憧憬和筹谋。

不料，片刻之后，晏子一笑，干脆地回答："这个微臣办不到。"

然后又补上一句："齐桓公当年可以称霸诸侯，但是君主你办不到。"

齐景公的心里犹如炸雷响过，连问十万个为什么，也还是无法理解晏子的话。不都是君臣合力成就霸业吗？凭什么到自己这里就不行？齐景公不死心，当然要追问清楚。

晏子毫不客气地直言："齐桓公能称霸诸侯，是因为他关爱百姓，体恤民心，百姓拥戴他，得民心者得天下，这才使齐桓公能够成就霸业。而这些事，君主您一样都做不到。别说称霸诸侯了，你我兢兢业业，不被其他诸侯国灭国就算不错了。"

晏子就这样直言不讳地讲明了自己和齐景公的处境和能力，既不夸大，也不缩小，实事求是。

晏子进谏时，有时婉言相劝，有时直言不讳，对症下药，因事制宜，可谓用尽了智慧。如今看来，晏子真是勇气可嘉。常言道"伴君如伴虎"，更何况他的这种"伴法"，颇有些置生死于不顾的大无畏劲头。好在齐景公一直都没有起过杀他的念头。

晏子的谏言，有时相当直白，这是很打击人的。如果换成秦始皇这样的暴君，听了这样的话，可能当场就下令把晏子拉出去斩了。晏子敢对一国之君这样不客气地泼冷水，直言其缺点和不足，还真需要过人的胆识。同时，他也要看准君主是否有容人的胸襟，如果看错了，也是难逃一死。这样看来，晏子不光具有高明的口才，识人之术也相当厉害。

　　不仅如此，晏子为了说明齐景公不可能创立齐桓公那样的大业，还进一步指出齐景公"疏远贤人，任用谄媚小人，无休无止地奴役百姓，不知满足地敛取赋税，榨取百姓血汗，而施与百姓的恩惠却很少"。

　　晏子认为，齐景公对诸侯索取过多却礼节轻慢，库藏的粮食宁可腐烂也不愿施与百姓，君臣之间互相憎恨埋怨，政令刑罚反复无常，等等，朝政的问题实在太多，天时地利人和样样都不占，齐国时时处于危险的边缘，至于称霸，那更是痴心妄想。

　　齐景公听完，沉默不语，很可能是生气了。但是，他并没有责罚晏子，而是自省了一段时间，让晏子尽量扭转齐国不良的风气。

　　晏子有了齐景公的旨意，自然更加尽心竭力。

　　一日，晏子回家，经过门口的集市，看到有很多假肢在卖。他打听后得知，原来在当时犯了法的人，无论轻重，都会被砍脚，这些假肢就是为被砍掉足部的人制作的。晏子一听默然，内心对这种暴虐的刑罚很是反感，决意改变如此酷刑。更改刑法实为大事，操作起来并不容易，晏子便时时留意时机。

　　过了些日子，齐景公来晏子家里，看到晏子的房屋破旧，且位于闹市边上，周边环境嘈杂，于是打算为晏子换一处房产。

　　齐景公关心地对晏子说："相国的屋子低矮潮湿，靠近市场，喧嚣吵闹不说，还尘土飞扬，哪里配得上堂堂相国。我这有现成的房子，给相国换一所吧。"

但晏子却拒绝了，他看着自己的家，深情地说道："这房子是我父辈留下的，我不能随意舍弃。我自己的才德有限，能继承祖屋已经很满足。而且此处日常去集市买东西也很方便。"

齐景公好奇于晏子所言，他不相信堂堂相国会关注集市，还会去集市上买东西。

于是他就问晏子："既然相国住在集市附近，相国可知哪些物品贵重，哪些物品便宜呢？"

晏子忽然心上一动，他抓住机会，借机进言道："集市上假肢价贵，鞋子却很便宜，这个现象很是奇怪。"

齐景公一听，沉默了片刻，看向晏子，晏子却不再多说。

齐景公明白，晏子是在说受断足刑罚的人太多，断足之刑太过苛刻。晏子是在提醒自己不该定下这样的法律，以至于老百姓犯一丁点的过错就被砍断脚。经过慎重考虑，不久后，齐景公就下令废除了砍脚这一酷刑。

通过这件事可以看出，晏子随时随地都在想办法劝谏齐景公，"踊贵屦贱"完全是一次为了百姓的谏言，关系百姓切身的健康和利益。

所以在晏子劝谏齐景公废除苛刑暴法、宽正减刑的事迹中，最广为流传的便是"踊贵屦贱"这个故事。

还有一个故事，讲的是晏子"数罪止刑"。

齐景公非常爱马，他拥有不计其数的名贵骏马，但他仍不知足，还要四处搜罗好马。有一回，有人为了巴结齐景公，投其所好，敬献给他一匹很稀有的骏马。齐景公非常喜欢这匹马，不时地观赏，骑着遛马，玩够了，就将马交给特定的宫廷养马人饲养。

这位宫廷养马人细心地照顾马匹，齐景公每天也都会来看望爱马。

可是有一天，这匹骏马突然得病死了。齐景公见心爱的马匹死了，大发雷霆，怪罪养马人不用心，要将养马人肢解处死，以解自己的心头之恨。

晏子知道后，急匆匆地跑来制止齐景公。晏子虽然心急，但他还是很聪明的，并没有横冲直撞直接进谏。毕竟君主正在暴怒，一不小心就会弄巧成拙，火上浇油，因此，必须讲究劝谏的技巧。

晏子灵机一动，来到行刑人身边，先以相国的身份制止了行刑人的举动，然后走到齐景公面前行礼，紧接着就像是研究问题一般，就如何肢解罪人一事向齐景公提问。

晏子问道："大王，您说当年三皇五帝肢解罪人时，是从哪个部位先下手的？"

尧舜等三皇五帝是历史上传说的圣人之君，从未肢解过罪人，怎么可能有相关的事被记载，并流传下来？从来都没发生过的事，自是无据可查。

但晏子这样问了，问完还很期待地看着齐景公，等着他回答。

齐景公听完晏子这番话，瞬间明白了的他的话中之意，晏相国是在暗讽自己不贤呢！齐景公不由得涨红了脸，他也意识到自己的处罚过分了，当着晏子的面，他下令停止肢解养马人。但他心中的愤懑并没有得到排解，失去爱马的痛苦令他不甘心就这样饶过养马人，他气哼哼地下令将养马人交给狱吏，准备用其他方法将其处死。

晏子见一谏未成，救人未遂，急得直在原地转圈，不过片刻，他又生一计。

晏子对齐景公行礼作揖，道："大王，此人确实该死，但他还不知道自己犯了什么罪，请您允许我历数他的罪状，让他死个明白，这样可以吗？"

齐景公一听晏子的话，心说相国这是同意自己处死养马人了，瞬间心里便舒坦了，他也想听听晏子要怎么说，就点头同意了他的要求。

晏子用手指着养马人，黑着脸，厉声数落："你犯了三条死罪，你知道吗？"

养马人一听，傻眼了，内心几欲崩溃。一条死罪自己都承受不住，三条之多，难道要抄家灭门？他实在不知自己犯了哪三条罪啊！

晏子理直气壮地说道："第一条死罪是君主命你养马，你却把马给养死了，你这是死有余辜。

"第二条死罪，是你养死了的马，不是普通的马，而是君主最喜欢的马，你犯的罪更是十恶不赦！

"第三条死罪是你养死了君主喜欢的马，惹怒君主，你因此被君主下令杀死，而天下的百姓一听说咱们的君主因为你养死一匹马就杀了你，肯定会为你喊冤，你的死又惹得民怨沸腾，让百姓对君主离心离德，不再拥护；诸侯国听说咱们齐国国君因为一匹马就杀人，从此会轻视咱们齐国，甚至还会找机会讨伐齐国，以无德之名来进攻齐国。

"你只是养死了国君的一匹马，便使得齐国的百姓怨恨上了一国之君，使诸侯国轻视齐国，动摇国本，你这还不是罪不可赦？我看你是死不足惜，赶紧去牢房等死吧。"

晏子表面上大声数罪，实则用了反讽的手法，如同无厘头电影的台词一样，将一件微不足道的小事，夸张成了足以令齐国亡国的大罪。

齐景公听完，倒是不好意思了，不禁面红耳赤，意识到自己这么做的确过分了，不该因为一匹马就杀人。

他赶紧对晏子道："相国，快把他放了吧，别让他损害了我仁政爱民的口碑。"

晏子斥责养马人三罪一事，既警醒了齐景公滥用刑法可能会导致的恶劣后果，给齐景公留下了改错的余地，又保住了养马人的性命，可谓一举两得。

自此之后，齐景公意识到滥用重刑会影响自己在百姓心中的形象，也会引来诸侯的嘲讽，因此他改减刑法，犯死罪的减为徒刑，受徒刑的减为惩罚，应惩罚的则免罪释放。

从以上事迹，我们可以看出晏子宽政惠民的仁政思想。晏子反对无故杀戮百姓，主张减轻百姓的负担，保障百姓的生命和财产安全。他的这些意见都被齐景公所接受，并制定成政策加以推行。如此君臣一心，原本国势摇摇欲坠的齐国渐渐转危为安，经济日盛，国力日增，在诸侯国中的地位也越来越高。

## 二、提倡宽宥，赈灾爱民

前面提到，齐景公这个人喜好声色犬马，兼之嗜酒如命，还对百姓施以暴政。这样的一个人，做出多么有悖常理的事来，都不能算奇怪，只能说是帝王无常。幸好，他发作之时，有晏子为他从旁修正。

公元前528年，齐景公带人南下巡视，看到一棵高大的槐树，便喜欢上了。他向天下发布敕令，规定若有人碰撞了这棵槐树就要受惩罚，若有人损坏了这棵槐树则要处死。他还命人四处张贴这道敕令，尤其是槐树附近，更要重点保护。国君如此大张旗鼓，只为保护小小一棵槐树，这吓得国都的百姓平时出行遇见这棵槐树都要绕行，生怕一不小心就招来无妄之灾。

在古代，国君哪怕草菅人命，也是很平常的事。若是无人站出来主张仁政，普通平民的生命就犹如刍狗一般，不会有人在意的。

这天，有个叫齐衍的醉鬼不长眼，喝醉后撞了槐树，还对槐树耍了酒疯，碰掉了槐树的一块树皮。齐景公听说后大怒，这不是故意和寡人作对吗？于是，派人将这个胆大包天的醉鬼抓起来，打算从重处罚。

齐衍的女儿齐婧得知此事后，十分担心父亲的安危，她不忍看到父亲因一棵树惨死，心下盘算一番后，决定找丞相晏子帮忙。

次日，齐婧来到晏子相府门口，想要入内拜见丞相，却被晏府门口的侍卫阻拦。齐婧灵机一动，说自己仰慕丞相，想给丞相做妾室，请侍卫代为通传。

侍卫听了齐婧的话，觉得还算合理，就报告给了晏子。

晏子听了侍卫的通传后，哑然失笑："我一个糟老头子，身材又矮又小，哪来这么大的魅力？一定是有什么别的事找我，你去把人带进来吧。"

齐婧进到丞相府大门后，晏子远远一看就说："这女子满脸忧愁。将她叫过来问话。"

晏子严肃道："你到底有何冤屈找我？如实说来，不要再胡说。"

齐婧想，自己一个弱女子，孤身勇闯相国府，不就是为了救父亲一命吗。若是救不下，那外面传说晏相国贤明的那些话就是假的。要是父亲死了，那自己也不必活了。

于是，齐婧鼓足勇气，讲清了来龙去脉。原来她父亲齐衍是齐国的子民，这些日子见国都风雨不时、五谷不滋，怕来日又要歉收，所以就跑到大山深处的古庙里祈祷。祭祀完毕后他喝了些酒，结果却不胜酒力，喝醉后不小心撞伤了国君下令保护的那棵槐树，因此获重罪。

齐婧说到这里已是满脸泪水，泣道："国君颁布的这道禁令并不合理，妾恐怕这道禁令将会破坏治国家之法，危及明君的名声啊！"

晏子点头道："确实情有可原！我会向国君给你讨个说法。"

齐婧见晏子被自己说动，十分感动，跪地表示，如果晏子成功救下她的父亲，她甘愿以身侍奉晏子。

晏子摇头拒绝："不必如此！作为一国丞相，就该为百姓伸冤，解决问题！如今国君有错，不该为一棵槐树而草菅人命。你不必担心，我这就入宫劝谏国君，为你父亲脱罪。"

晏子心中也觉得齐景公这事做得极不妥当，不但有损国君威严，还丢了齐国的脸面，自己身为相国，也会因此事遭诟病。另外，晏子也感佩于这个女子无畏的勇气和不俗的见识，她虽是边哭边说，话中条理却是分毫不乱。为了救父，一个小女子敢于质问国君的法令是否正确，晏子很欣赏她慨然的气魄，因此答应了她的请求。

当天下午，晏子进宫面见齐景公，直言不讳地指出齐景公施政暴虐，玩物丧志，身为国君，威严扫地，更不该因一棵树而害死一位无辜的子民。

晏子慷慨陈词,指出齐景公所为乃危害齐国之举。堂堂一国之君,倘若因为有人意外撞到一棵树,就将其处死,这样的举动,还不能称为乖戾吗?晏子义正辞严的谏言,最终迫使齐景公收回"伤槐治罪"的命令,释放了醉酒伤槐的齐衍。

春秋时期,大政治家管仲提出治国的关键在于"重民",晏子继承和发展了管仲的重民思想,这点表现在他对老百姓的同情和对当权执政者的抨击。

齐景公在位期间,做过不少荒唐事、奇葩事,最后都因晏子的直谏而取消。比如有一次,齐景公的爱犬死了,他命令侍卫在宫外给狗做棺材,在宫内给狗摆祭品。

晏子一听此事,心说这个君主行事可真是荒唐啊,给狗举行葬礼,这传出去岂不被诸侯讥讽,被天下耻笑,我这个大相国又有何颜面呢?

晏子匆匆前去劝谏齐景公,希望国君不要行此荒唐之事,给别人留下话柄。

齐景公却认为,这不过是一桩小事,自己无聊至极,跟身边的人取乐而已。他质问晏子,自己身为国君,难道连这种小事都做不得?

晏子虽然为难,仍耿直谏言。他指出,齐景公不应该给一条狗献祭品、行大礼,以此为乐。齐国现在还有妇孺老残在饿肚子，如果君王不顾形象，不为百姓，必定招致国人的怨恨和诸侯国的嘲笑。最终，齐景公终于被说服，罢止了这件事。

晏子兢兢业业治理齐国，但他也不能避免天灾的出现。每次发生天灾，晏子总是坚持以民为本，以民为贵。一旦某个地方出现灾荒，晏子就会申请让地方官府开仓赈灾，救济百姓，一刻也不能怠慢。

公元前 527 年，齐国下了一场大雨，连下十七天，导致山洪暴发，百姓流离失所。面对如此巨大的灾情，齐景公却无动于衷，根本不关心洪水中老百姓的死活。

晏子眼见灾情严重，心急如焚，先后三次进宫拜见齐景公，请求齐景公开官仓赈济百姓。

但齐景公却心疼自己的粮仓，没有答应晏子，只装作看不见百姓受灾的境况。晏子对齐景公失望至极，又心急百姓受灾惨状，冒着大雨回到家中，打开了自家的粮仓，将自家的粮食一粒不剩地让人带去分发给雨中的灾民。

晏子平时为官节俭，虽然身居相国之位，家中的财物和粮食却非常有限。很快，晏子就把自家的粮食和财物全部散光了。看着依旧在困境中挣扎的大量灾民，晏子明白自家的粮食和财物不过是杯水车薪，为了受灾的百姓，晏子决心再次进宫，劝谏齐景公放粮赈灾。

晏子一路心急火燎，想着怎样才能说服齐景公。可是，晏子来到宫中后，看到的却是在一片歌舞升平中寻欢作乐的齐景公，国君的心中丝毫没有百姓的疾苦。此情此景令晏子痛心疾首，他极言灾民的苦难，指责齐景公不顾百姓，可齐景公还是无动于衷。晏子失望至极。他想到自己费心劳力地做上大相之位，不就是为了齐国的黎民百姓吗？可如今，百姓在受难，自己身为大相，却连一粒粮食都不能给他们，国君也没有一丝悔改的样子，晏子决定辞职。既然国君不为百姓，那臣子也不必为国君了。

晏子一个长揖拜别齐景公，起身头也不回地走出了宫门。

齐景公受了晏子的一通数落，灰头土脸，见晏子离宫而去，才想起晏子是三朝元老，又是自己的相国，于齐国是个很有影响的人，于自己也是不可或缺的智囊，他真走了，那可是齐国的大损失！他一下子就急了，连忙起身，带着侍卫去追晏子。齐景公追至晏子家，发现晏子已经带着他的仆从回封邑去了，而他家的粮食和财物也已经全部分给了灾民，晏子的家中一片狼藉，房屋空荡。

齐景公此时既为晏子的行为感动，又惭愧于自己的自私和没有担当。他命人驾车，要亲自追回晏子。齐景公追上晏子后，言辞恳切地向晏子认错，真诚地请晏子回朝，并答应立即开官仓赈灾，表示此次赈灾全凭晏子做主。

晏子心中牵挂受灾百姓，见齐景公诚心认错，便不再计较，和齐景公一起急急返回都城，着手救灾工作。

晏子一回去就命各级官员前往灾区巡视灾情，再根据各地的实际情况赈灾。齐景公也积极配合晏子的赈灾之策，他回到宫中后节衣缩食，不再举办鸣琴鼓瑟的宴会，也不再聚众欣赏华丽的歌舞，还一次性忍痛遣散了三千名宫女和侍从，为的是减少宫中的用度。在晏子的主持下，君臣合力赈灾，齐国的百姓安然渡过了一场巨大的灾难，国家也转危为安。

在历史的记载中，这位齐景公喜好声色犬马，嗜酒且无节制。他就像叔向描述的，是一位走向末世的君王，面对难以逆改的国势，他消极怠政，为了逃避现实，一心沉醉于奢靡的生活。

面对沉迷酒色的齐景公，晏子也是操碎了心，类似这样的劝谏可谓数不胜数，便不过多赘述了。


## 三、登临牛山，论古谈今

在齐国都城有一座山叫作牛山，此山青翠叠嶂，白云缭绕，深潭幽幽，鸟语花香。传说古时姜太公在这座山中行走，因贪恋风景而迷路，幸而出现了一头牛给他引路，这才得以出山，这之后姜太公就把此山称作牛山。牛山的东面，埋葬着齐国霸主齐桓公，牛山的北面埋葬着一代名臣管仲。因此，牛山在齐国人民心中，有着重要的地位。

牛山山岳高耸，站在山顶可以俯瞰齐国首都壮丽的全貌。齐景公经常和一些大臣登上牛山，谈论古今大事。

公元前 525 年，齐景公带着文武大臣游览牛山。他看着眼前的盛景，以及身边陪伴着自己的晏子，想到晏子一心辅佐自己，为国为民，定是有着不同于常人的心愿，于是关心地问晏子：你最大的心愿是什么？

齐景公忽然问起这样私密的事，晏子自是不能讲生活琐事，加上他原本一天到晚都心系国家，于是晏子便说，自己除了国泰民安，没有什么特别的心愿。

可是齐景公一脸笑意追问不舍，晏子无法拒绝，略作思索便借此机会讲出了自己真正的心愿，也顺便表达了自己对君主的期待。

晏子说："我希望自己能够辅佐一位受人敬重的明君，因为明君圣明，我每天就可以顺君命做事。不用像现在每天都谏言，跟君主关系也搞得很紧张。我还希望自己跟妻子能白头偕老，有一个可以传承家业、懂事成才的儿子。这样，自己就能得到妻子和儿子的相助。如此一来，家庭和睦，我也可以天天为君主用心做事，定国安邦！"

"说得好！"齐景公对晏子的心愿很是赞赏，因为晏子的愿望，充满了对齐国的祝愿，和对他这个君王的敬重。

齐景公望着山下的国都，看到高大巍峨的楼台和富丽堂皇的宫殿，不禁感叹生命无常。他想到自己终有一天会离世而去，眼前的山川河流、楼阁亭台，都将和自己无关。

"人终究会老去，为何不能长生不老呢？呜呼哀哉！"齐景公不由得悲从中来，掩面大哭，嘴里喃喃着希望能够长生不老。

梁丘据和艾孔两个宠臣正好陪在齐景公身边，两人平日就惯会讨好齐景公，此时见景公悲哭，两人便陪着景公一起流泪，嘴上迎合着齐景公，讲着长生不老有多好，等等。

眼前三人的言行惹得晏子大笑，他不停地摇头。晏子的模样让梁丘据等人十分尴尬，梁丘据悄悄示意齐景公，注意一下晏子。

齐景公一看到晏子冷静的样子，果然很生气，立马责问晏子为什么不和自己一起悲伤。艾孔和梁秋据都陪着自己流泪，相国不悲伤也就罢了，为何还要在这里大笑？

晏子差点儿笑出眼泪，好不容易才忍住，说道："自古以来，哪有什么长生不老？我和君主您已经说过几次这个问题了，君主还这样坚持，我能不笑吗？再说，君主无端地为一件莫须有的事情悲伤，这两位非但不规劝，不提醒君主，还跟着您一起大声号嗨，这是忠臣该做的事吗？"齐景公听完晏子的话，深觉有理，立刻白了一眼身边陪哭的两位大臣。

晏子见齐景公情绪平稳了下来，再次客观地指出，生死有则，更替有法，这本是生命的自然规律，君主不该为终将身死而悲伤，尤其是那两个谄谀之臣，还陪着君主哭泣，说到这里晏子又是忍不住一阵大笑。

为了不让晏子继续笑下去，齐景公忙改口掩饰尴尬，支持晏子的说法，还说自己不是为死去而悲伤，而是想着怎么才能让国家长盛不衰，将如此壮丽的河山绵延不绝地传给子孙后代。

晏子当即建议齐景公要做善事，遵礼法，信忠良，关爱黎民百姓，这样子齐国政权就可以多传几代。但天下没有不覆灭的王朝，儿孙自有儿孙福，莫为儿孙做远忧，齐景公只要做好当下，就是把握住了关键。

不得不说，晏子看事情很透彻，也有大智慧，既能看清当下的时局，也能跳出时代的制约，站在历史的长河中，看待王朝更迭、朝代兴衰，坚信没有永远强盛不灭的政权，因为盛极而衰，这是自然规律。

时光荏苒，到了公元前 523 年，此时齐国政治清明，齐景公和晏子都觉得应该出去巡游一番。经过一番计划，他们带着众人离开了麦丘，来到了纪国故地。

此时的纪国故地，在长久的征伐战乱中已经归属齐国。齐景公巡游之时，他的侍从捡到一个金壶，呈给齐景公。金壶口被蜡封着，齐景公命人打开后，发现金壶里刻了八个字："食鱼无反，勿乘驽马"。

齐景公看到这几个字，为了展现自己的学识，故作聪明地解释这八个字的意思是："吃鱼不能乱翻动，因为鱼一翻动就有腥气；骑马不要骑劣马，因为劣马不能跑远路。"

齐景公话音一落，梁丘据便带着一众献媚之臣拍手叫好，跟随的人无不随声附和，赞叹齐景公学识渊博、理解深刻。

晏子沉默地看着众人奉承齐景公的丑态，等到众人声音平息，才出声讲解这句话的正确意思："食鱼无反"是告诫国君不过分压榨百姓，百姓就不会造反；"勿乘驽马"是告诫国君不要重用那些无德无才的人。

齐景公一听，觉得晏子这是几句话不离劝谏啊，随便八个字，翻译过来，都要劝谏他一番。这八个字，从表面意思上看，根本延伸不了那么远，这明显就是晏子过度解读了，简直就是不给自己面子！不想让自己好好巡游！

齐景公不服，反驳晏子道："相国，这句话怎么会是这种意思呢？纪国如果能悟出这么深刻的名言警句，还会亡国吗？"

"君主说得对！"大臣们站在齐景公这边，再次附和。

晏子却坚持唱反调，说："君子的主张应高悬于门，牢记不忘，这纪国却把真理放在金壶里，人们无法经常看见，所以起不到任何警示作用，久而久之，纪国的人都忘记了这句话，所以纪国自然就亡国了。"

齐景公听了晏子的话，若有所思，看着晏子胸有成竹的样子，渐渐也有所动摇，开始理解晏子的深意。齐景公训斥适才迎合拍马的大臣们，说齐国不能像纪国一样，把治国的良方藏起来，而应该在现实中加以运用，这样才不会亡国。

"谨遵君主训言。"大臣们看着齐景公换了思路，立刻来了个一百八十度大转弯，表示自己认真记下了。

晏子为了齐国，可谓夙兴夜寐，殚精竭虑。他将自己从历史长河中汲取的治国经验和聪敏善言的机辩毫无保留地用在了辅佐齐王治理齐国上。有晏子做齐国的相国，是齐景公的幸事，不然以景公之纨绔糊涂，其治下的国家怎么可能政通人和？行文至此，可以充分看出辅佐齐景公的不易，即使聪慧如晏子，也曾数次辞官。

## 四、以退为进，数次辞官

晏子数次辞官，不仅是因为齐景公不听劝。齐庄公在位时，他就曾因无法忍受齐庄公的奚落而辞官。后来四大家族争权，致使齐国内政动荡，晏子听从季札的劝告而辞官。还有一次则是齐景公不愿赈灾救济灾民，这又是一次辞官。此后，晏子至少还经历过两次辞官。

晏子辞官，不仅是由于对齐国执政者的失望，其间也包含着他的以退为进。但总的来说，仍可看出晏子作为一个杰出的政治家，身处末世之国，对未来深深的无力感。

公元前 522 年，齐景公听信奸佞小人的谗言，惩罚了一些没有犯错的人，另外还奖赏了一些没有功劳的人。晏子对齐景公多番谏言，可齐景公就是不听晏子的话，晏子便决定辞官隐退。他向齐景公告别，转身离开宫廷，坐上马车，快马加鞭离去。

等齐景公反应过来，晏子已不见踪影。齐景公着急地把韩子修叫到跟前，仔细叮嘱他，命他务必把晏相国给劝回来。

韩子修领命后，追上晏子，传达了齐景公的意思。他说君主已经知错了，反省了自己不该一意孤行，背弃明君之道。

韩子修说："相国，君主还说，您若是丢下齐国，无论走到哪里，他都会追回相国，您还是回去吧！"

"好吧！"晏子一听韩子修的话，就不生气了，快马加鞭地赶回城。

晏子的马夫不解，问道："家主，您离开都城时，是那样坚决，怎么经他劝了几句话，就要回去了呢？"

晏子长叹一口气，说："因为君主已经认错了，我作为一国之相，就不能再辞官了。再辞就是弃国，就失了礼义，这就是我不对了。"

其实，说到底还是因为晏子心系百姓，舍不得逐渐欣欣向荣的齐国，想要努力将齐国变得更繁荣一些，这是晏子的初衷，怎么会轻易放弃。

晏子几次三番辞官，不仅齐景公舍不得晏子，数次挽留，得晏子恩惠的齐国百姓更舍不得晏子离去。

晏子辅佐齐景公，无论他的谏言被齐景公采纳还是拒绝，都会引起和他不对付的一些奸佞之辈的非议。他们说长道短，无非就是指责晏子独揽朝权，眼中没有齐景公。

有一次，这些奸佞之辈暗中联手在齐景公面前搬弄是非，控诉晏相的行为不符合君臣之礼。这样说的时间一长，说的人一多，齐景公对晏子难免就心生猜忌。

齐景公心里有了芥蒂，和晏子相处时，就不像以前那般坦诚，聊天论政、喝茶闲聚时，莫名有了隔阂。有一次，齐景公找晏子聊天，晏子说了一句典故："衣不如新，人不如旧。"

齐景公听了这句话，奇怪地看了晏子一眼，立刻驳斥了晏子的观点，齐景公指出"衣不如新"是对的，"人不如旧"却未必。齐景公还表示，如果两个认识很久的人，彼此知道太多的事情，没有秘密可言，这并不是什么好事。

晏子听出了齐景公的话外之音，觉得齐景公对自己有意见了，心中伤感，还有些不安，于是起身告辞回家。回去的路上晏子仔细一想，推断肯定有人在齐景公面前故意抹黑自己，搬弄是非，想要离间自己和齐景公的关系。

晏子思来想去，对齐景公很是失望，决定辞官隐退，回到故里夷维。从来众口铄金，晏子此时承受了冤屈却有口难辩，留下来反倒显得他像是真要独揽大权、作威作福一样。

自己担的本就是份苦差事，如今遭君王怀疑猜忌，再做下去，也没有什么意义了。此时的晏子，上了年纪，也是真的老了，他认为自己已经尽力治理齐国多年，终有一天要隐退，不如就趁此机会告辞还乡。

晏子为了不让齐景公难堪，就写了一封信给齐景公，说自己年老体迈力不从心，不能再胜任相国之职，请求隐退，告老还乡，请齐景公另选贤能担任相国之职。

这次晏子辞职，齐景公竟然只是虚情假意地挽留一下就罢了，并没有真的挽留晏子，甚至他的表情还有些如释重负。

　　晏子看到这里，心真是凉透了。想到自己尽心竭力为齐景公图谋，殚精竭虑治理这偌大的齐国，到头来却受君主猜疑。齐景公对自己的信任已然荡然无存，昔日曾经说过的想要和晏子一起治理齐国的理想已经被他遗忘了。

　　晏子只能满心苍凉地离开。但就这样走了，他真的甘心吗？

　　晏子决意带着家小回到乡下，他满心的不如意，想到这一去再也不用回来了，连令他失意的朝堂都不想去告别。

　　但城门外还有他的朋友，这些人晏子还是要去认真辞别的，不然，此生或许没有再见的机会。

　　晏子和好友北郭骚告别。北郭骚是位大孝子，也是位士人，从前他家境贫寒，无力赡养母亲，一筹莫展之时，厚着脸皮来找陌生的晏子寻求帮助。北郭骚说自己听说晏子是个高尚的人，一心为老百姓，而自己实在是穷途末路了，希望晏子给自己一些资助，让他能赡养老母亲。

　　晏子一听北郭骚有困难，立马送了北郭骚一些粮食和银钱，但北郭骚却没有要银子，只是拿了粮食。他用这个微小的区别，保留了自己心中士人的风骨，晏子也因他的这个举动，很是欣赏他。

在那之后，晏子常常帮助北郭骚，两人成了朋友。想到这一次自己离开后，再也不能资助北郭骚，晏子于是来告辞，顺便也向北郭骚说明自己的情况。

晏子来到北郭骚家门口，北郭骚赶紧洗漱整齐迎接晏子。北郭骚看到晏子一家老小要出远门，就询问晏子这是要做什么。晏子心中苦闷，一时没忍住就向北郭骚倾诉了自己辞官的原因。两人寒暄一会儿后，晏子起身告别离去。

北郭骚因为听说了晏子的事，心中不快，一直冷着脸，不料，晏子却误会了北郭骚，还以为他是个忘恩负义的人。

北郭骚长年接受晏子的资助，在他的心中，晏子就是圣人。如今圣人被冤屈，他自然不甘心，心中为晏子抱不平。他决定为晏子做些事，来报答晏子多年来的恩情。

等晏子离去后，北郭骚找到自己的一位朋友，说晏子曾帮自己赡养父母，又是齐国的大相，是齐国百姓的福气和依靠。晏子是自己的恩人，也是挚友，如今晏子蒙难，被人泼脏水诬陷，他要去国君面前，以性命为晏子证明清白。北郭骚的朋友也是一个义气之人，一心想要挽留晏子这位百姓爱戴的相国。

于是，两人一起抱着剑到了宫门外，把自己要以死为晏子证明清白的话告诉给宫门守卫，让他们代为禀报给齐景公。

北郭骚还对朋友说，等自己死后，请他把自己的头颅放到竹篮里，交给官员，托官员转呈给国君。语毕，北敦骚便决然抽剑，自刎而死。

北敦骚的朋友把他的头颅放进竹篮，交给传信的宫廷官员后，自己也自刎而死，死前壮烈喊道："北郭骚先生是为了证明晏相国的清白而死，我也要为他而死。"说完这句话，他也自刎而死。

一时间，宫门外有两个百姓为了证明晏子的清白自刎而死，齐景公深受震撼，才知自己不该听信谗言，冷落晏子，伤了百姓的心。当听说晏子已经举家离去踏上归途，齐景公非常自责，他亲自驾车追赶晏子，追上后又真诚地向晏子认错，请他回去，晏子于是再度回朝。

晏子回到都城后，才知道北郭骚和他的朋友为证明自己的清白牺牲了性命。晏子非常自责，觉得这是由自己辞官而引起的灾祸，自己因几句谗言就任性辞官，却致使两位义士搭上了性命，这实在不值得，是自己犯下的大过。

晏子一度自责到寝食难安。此后，晏子更加厚待百姓，也时常去照看两位义士的家人。

# 第七章

## 外交风云，纵横捭阖

## 一、调整外交策略

春秋末期的动荡战火和国内的大族争权，使齐国这个东方大国露出疲态，国力虚弱，江河日下。

自从齐灵公即位开始，几位君王似乎都不知内圣外王的道理，对内不修德政，不让利于民，公室王族对百姓搜刮严重，百姓不堪赋税的压力，对公室离心离德。对外，齐国几任国君总是想恢复齐桓公的霸业，丝毫不掂量自己的实力，打肿脸充胖子。齐国对其他诸侯国发起攻伐战争，结果因为穷兵黩武，在对外战争中处于劣势，在诸侯中反倒失去原有的威信，只是徒有虚名保持了一个大国的名声而已。

晏子成为国相后，已经看出了"国际"形势完全不利于齐国，几乎所有诸侯国都对齐国不满。所以，晏子审时度势做出了礼交诸侯、和平相处、反对战争的对外主张。

这个主张在当时各诸侯国也得到了支持，毕竟长期的战争让每个诸侯国都深受其害，如果能过太平日子，自然不希望兵戈相见。

齐景公经常对晏子说出他的困惑：堂堂大国的国君，他怎么就不受其他诸侯国的待见呢？外交上屡次碰壁，许多大小诸侯国都不给齐国面子，他问晏子可有解决办法。

晏子一听，觉得机会来了，难得齐景公这样询问，刚好可以给他分析一下形势，讲讲诸侯不待见齐国到底是什么原因。

晏子向齐景公行礼说："国君，这些年我们齐国在诸侯国中没有威信还不是齐灵公和齐庄公造成的吗？！如果国君您再不改变方法，我觉得那些诸侯国很有可能会联合起来，继续敌对我们。"

齐景公听后有些忧虑，赶紧问道："跟两位先王有何关系？具体原因是什么？"

晏子回答："自从齐桓公去世之后，我们齐国的内政一直不稳。对外也是各种征战，消耗了我们的国力。但是灵公和庄公时期，还不自知，以为齐国很强大，还对晋国和各诸侯国发动战争，并且都打了败仗，这才惹得各诸侯国不喜欢齐国。还有，国君您上位的时候，齐庄公本来就因为攻打晋国惹恼了晋国，要不是咱们齐国要立新君，晋国肯定就带兵马打过来了。晋国和咱们不友好，其他国家当然也不会友好了。"

齐景公想想也是，太远的不说，就齐灵公和齐庄公确实攻打过晋国，还失败了，晋国可是联合十几个诸侯国要打齐国，因为齐庄公的去世才停下征讨。

齐景公就问："那你可有什么法子解决这个事，改变这个外交环境？"

晏子双手一拍，说道："有啊，赶紧和诸侯国建立深厚友好的关系，停止边塞的争端战斗，做出礼仪之邦的姿态，才能让诸侯国放下芥蒂，不再敌视我们。"

"容易做到吗？"齐景公觉得齐国跟各诸侯国成见很深，想要改变很是困难。

晏子就详细地和齐景公阐述了一下停战止戈和诸侯国之间以礼相待的好处以及会产生的长远影响。齐景公听着频频点头，直到晏子说完，齐景公完全听取了晏子的意见，并且让晏子着手准备处理齐国和各诸侯国的关系。

通过仔细的讨论，齐景公感受到了晏子主张的正确，对晏子更加信任，两人一起制定目标和推进外交计划。

晏子的外交政策，并不是一味地对其他诸侯国示好，而是审时度势，把哪些国家跟齐国有仇，哪些跟齐国亲近，哪些是鼎盛大国不能得罪，哪些是中立国也要结交拉拢等都归好类，然后制定了不同的外交政策。他的计划首先是对晋国示好。

在齐桓公称霸以后，盛极而衰，齐国开始走下坡路，不断衰弱。但齐国西部的晋国，经过励精图治，逐渐成为诸侯国中的中原霸主，而且在长达一百八十年里未曾动摇，是历史上赫赫有名的春秋五霸之一。

晏子担任齐相之后，当然看得很清楚，晋国很强大，他们打不过，也得罪不起。所以，齐国跟晋国搞好外交关系，这是齐国外交局面成功的关键。

晏子和齐景公商定了要向晋国示好以后，便经常出使晋国，维系关系，打听晋国虚实，然后及时调整自己的策略，化解晋国对齐国的敌意。只要晋国不攻击齐国，彼此友好相处，其他诸侯国就不敢对齐国进行冒犯。

就这样，在晋平公时期，齐景公因为齐国的衰落，一直保持着礼尊晋国的态度，为齐国的安定发展创造了一个良好的环境。

但是，又过了几年，在晏子的治理下，齐国休养生息，国库逐渐丰盈起来了，比齐景公刚登基时候，可谓兵强马壮。这让齐景公自信起来，心中想要恢复齐国霸业，与晋国分庭抗礼。在他心中，礼尊晋国的想法就变得淡了。

此外，晋平公在无外忧之后，开始不理朝政，荒淫无度，大兴土木，加重了国内百姓的负担。同时，因晋平公不务政事，同时也没有及时平衡公室与非公室的势力，便让异姓卿大夫发展起来，渐成不可控之势。

公元前532年，晋平公去世，当时晋国的国力已经减弱，各诸侯国见状对晋国渐渐产生不敬之心。公元前530年，各诸侯国前来晋国朝贺新即位的晋昭公。晋昭公非常热情，设宴款待，并且在宴会上，宾主玩起投壶的游戏助兴。

当时，晋昭公的相礼是荀吴。而荀吴是晋国名将，姬姓，中行氏的四世祖，率军多与戎狄部落作战，骁勇善战，为晋国扫平周边的游牧部落。荀吴在军事上颇有建树，他毁车为行的创举，在中国古代是由车战向步战转变的标志。

宴会上，晋昭公投壶时一举投中，荀吴为了讨好国君晋昭公，就自作聪明大声说道："有酒如淮，有肉如坻，寡君中此，为诸侯师。"

言下之意，我们晋国的酒像淮河水一样滔滔不绝，肉食像山丘一样高大绵延，国力强大，晋昭公如果投中，就是统率各诸侯国的领袖。

但是，此时的晋国确实已经是大不如前，在座的诸侯国其实心中都不服气，尤其齐景公更是不服气。他心里想我就是来探你们晋国虚实的，到时我也这样说，我倒要看看你们能把我怎样。

轮到齐景公投壶了，他也是一投而中，齐景公的相礼是晏子，齐景公想让晏子也为他祝福，说出荀吴那样的话来，喧宾夺主来造势一番。可是晏子表情沉默，坐在那装作不懂，没个反应。齐景公便自己大声祝福自己："有酒如渑，有肉如陵，寡人中此，与君代兴。"意思是我们齐国的酒像渑河水一样多，肉像山陵一样高大，如果我投中了，我就将取代晋君做诸侯的盟主。

晋国在座的君臣一听，这还了得，这个齐景公有叛逆不尊之心，晋国大臣无不脸色大变。在这要命的尴尬时刻，晋国大臣伯瑕起身打破了尴尬局面。

伯瑕是晋国的大夫，他起身批评荀吴刚才的话不恰当，说晋国已经是诸侯国的盟主，至于投壶中不中的无关紧要。如果把投壶的输赢看成一件了不得的大事，齐国君主就会看不起晋国国君，以后也就不会再来朝见了。

荀吴在众人面前受挫不服，又加上这个尴尬局面确实是自己引起的，他就强辩说，晋国军队强大，齐国人能把晋国怎么样？

尴尬的局面继续进行，晏子坐在那里，看着荀吴极力坚持晋国强大，伯瑕委婉地和稀泥，想把事情最小化。晏子看不下去了，觉得这样下去两方都很尴尬，就对身边的公孙傻暗示结束宴会。公孙傻看见晋国君臣猜疑齐国，也担心宴会有变，赶紧起身行礼。

公孙傻干咳两声，说："诸位大人，时间不早了，国君们也都累了，应该去休息了。"

宴会到此骤然结束。晏子陪同齐景公离开晋昭公宫殿，回到驿馆。晏子知道这次齐景公惹怒了晋昭公，晋国不会轻易善罢甘休，看那荀吴的样子，说不定还会发起战争。

果然，晋昭公心中气难忍，当即组织主战派和反战派的大

臣，围绕是否出兵讨伐齐国，展开了激烈讨论。

晋昭公一拍桌子，怒气冲冲地说道："齐景公太狂妄了，竟然敢在我的王宫说出那样大逆不道的话，真是不把我晋国放在眼里，诚心在天下诸侯面前嘲笑本王。"

荀吴听着晋昭公的话里并没有责怪自己，立刻往前一站，说道："本来我们晋国就是盟主国，齐国这几年稍微强大了一点儿就开始不服气了，改变了之前一味臣服我们的态度。像这样的诸侯国，我们就该出兵猛打一次，给收拾服帖。"

其他的主战派见晋昭公和荀吴意见一致，也就跟着说应该攻打齐国，让齐国明白自己的身份。

但是，反战的韩起和叔向不支持这个决定。韩起是晋国中军元帅，上卿执政大臣；叔向是晋国德高望重的上大夫。他们两个反对，晋昭公还是要考虑一下的。但是晋昭公想要重新树立晋国在诸侯国中的威望，攻打齐国以杀鸡儆猴、敲山震虎的想法并没有打消。讨论到最后，晋国君臣决定先派人到齐国打探一下齐国的实力，再作定夺。

而晏子治国多年，很清楚目前齐国的综合国力，虽然这几年有所恢复，但是，远远达不到跟晋国强强对抗厮杀，兵马一旦出动，粮草就是天文数字，物资消耗牵扯太大，很可能刚充裕一些的国库就再次被打没了，百姓也会惊慌逃走，无法务农，影响春种秋收，再次生灵涂炭。

因此，晏子劝谏齐景公要吸取齐灵公、齐庄公挑战晋国的教训，绝不能让历史重演了。晏子劝齐景公尊重晋国的盟主地位，保持与晋国的友好关系，才能为齐国的后续发展和休养生息营造更好的外部环境，齐景公勉强答应了。

晋国方面，虽然晋昭公和主战派都打算向齐国宣战，出动大军讨伐，但同样牵扯了军需辎重、长途跋涉、大量粮草消耗等。韩起和叔向坚持站出来反对国君因为一句玩游戏的戏言就对齐国大动干戈，再起战火。

时间过去了一年，到了公元前 529 年，晋国派上大夫范昭出使齐国，目的是打探齐国的实力。范昭不是一般人，头脑反应快，嘴皮子好，也有着敏锐的观察力和识人断事的能力。

晏子知道来者不善，便和齐景公以及满堂朝臣提前想好了详细的应对办法。

惹事的齐景公，这次学乖了，他用很高的规格接待了使者范昭。酒宴上，宾主换盏，气氛很是友好，各种试探频出。

酒到酣处，范昭就开始了此行的第一个目的，试探齐景公是不是一个拥有雄才伟略的君主。范昭对齐景公说："请大王借酒盅给我用一下。"

齐景公不知范昭的用意，就吩咐侍从："把我的酒杯斟满，为上国使者敬酒。"范昭接过酒杯一饮而尽。

范昭从此处就能断定，齐景公并不是一个大有作为的雄主，但是接下来的事情让范昭开始对齐国有了新的看法。

范昭的举动被晏子看在眼里，晏子生气地对侍从说："给国君再换一个干净的酒杯。"

看似一个小举动，但范昭一下明白了齐景公并非昏君，因为他能够任人唯贤，手底下有能干的大臣。

范昭再生一计，佯装喝醉，站起来手舞足蹈地跳起舞来，边舞边对乐师说："请给我奏一曲成周之乐，以助酒兴。"

乐师很警觉，再联想晏子对侍从的怒气，明白范昭这是在试探国君。他便回答："下臣不会奏成周之乐。"范昭自讨没趣，借口喝醉了，不开心地离开了。

齐景公见到范昭不悦而去，心中有些不安，他责怪晏子为何招待不周。晏子便把事情给齐景公分析一遍。听完后，齐景公才恍然大悟。

齐景公此时才明白想要强大，不是说几句厉害的话就能做到，而是要君臣同心才能做到。第二天，范昭拜见齐景公，向齐景公道歉，说自己酒醉失礼。齐景公回几句客套话，派晏子带范昭去齐国的军营和街市参观。

范昭回国后，向国君回复说："齐国的国力不弱，且君臣同心，暂时不可征伐。"晋昭公闻言后权衡再三，才放弃了攻打齐国的念头。

从这件事可以看出，齐国确实强大了。晏子虽然说没有在晋国的酒宴上力挺齐景公，祝愿齐景公做霸主，但是，晏子也没有制止齐景公在晋国的宫殿直抒心中的鸿鹄之志。而且他们遇事不怕事，在后面的应对中，君臣上下齐心，巧妙化解冲突，熄灭了晋国对齐国的欲战之心。

## 二、舌战群雄楚国行

晏子在积极改善与晋国的外交关系时，也把目光放在了同样是大国的楚国身上。自从公元前540年起，楚国先是发生政变，楚共王的次子围杀了他的侄儿楚王郏敖，自立为楚国国君，即为楚灵王。

说到楚灵王，大家应该不陌生，他就是春秋后期楚国有名的暴君，"楚王好细腰，宫中多饿死"说的就是这个楚灵王。

楚灵王此人野心勃勃，穷凶极恶，刚即位，便一心要做诸侯国的盟主。这时候的楚国国力也变得强大，可谓兵强马壮，所以，储备两年后，楚灵王于公元前538年，派人到各诸侯国发请帖，提出在楚国举行一次诸侯会盟，让各诸侯国都参与。

这种召集大家去楚国开盟会，有过多次，但一般会议组织者都是抱有目的性。无非是把人召集过来，炫耀一番武力，让大小国家承认他的实力，最好认可他是霸主地位。

在春秋末期，名义上各诸侯国都是周天子的封疆大臣，但是他们却无视周天子，虽不能代周而立，却可以成为霸主，接受朝贡和礼拜，解决诸侯国之间的争端，拥有一定的权势。谁敢反抗，霸主就会携众多盟国一起讨伐，类似联邦老大。

各诸侯国都看出来了，这个楚灵王是没安好心，就是要借会盟，争夺盟主之位，晋国力量已经不如楚国，又不想让出霸主位置。所以，大家干脆不去，但也没有明着反对。

公元前538年六月，楚灵王在楚国主持了多个诸侯国参加的会盟，但来的多是小国，像晋国、齐国、卫国等中原大国均未参加。会盟时，楚灵王果然炫耀武力，震慑诸侯，命参加会盟的各国跟着楚国一起攻打吴国。

参会的诸侯小国不敢提出异议，只能跟着楚国大军去进攻吴国，等于被挟持绑架在战车上，不得不从了。吴国当时没有准备，所以一交锋就落败，楚军攻入了朱方城。

但这种联盟军队肯定无法长久合在一起，粮草供应等都是问题，而且各国心不齐，容易发生冲突。楚灵王攻克了吴国城池后，特意处死了逃出齐国定居在吴国的庆封，卖给齐国一个人情，由此可以看出，楚灵王智商很在线。然后，楚灵王觉得自己武力炫耀完成，威慑了众诸侯，也就班师回朝了。

公元前531年秋，晏子认为外交时机成熟，打算出使楚国，化解与楚国十年无外交的尴尬局面。而且楚国现在的实力，已经不弱于晋国，值得齐国认真对待。

齐景公一听晏子言之有理，就同意了，便派晏子出使楚国。

正如晏子所料，齐国十年来未派使者到过楚国，尤其齐国还不参加楚国当初组织的会盟，所以楚国对齐国的轻慢态度很是不满。楚王听说这次齐国使者晏子要来，就想戏弄一下晏子，给他一个下马威。

楚灵王询问曾经去过齐国的薳启强："这个晏子是个怎样的人？"

薳启强拱手回答："晏子个子矮小，其貌不扬，很不起眼。但此人脑子转得快，能说会道，口才倒是一流。"

楚灵王和众臣商议戏弄晏子的办法，薳启强给他出了一个主意。

这薳启强是楚国太宰，自楚灵王即位后，他就很受宠，因此养成一副傲慢的神态。所以，他给楚灵王出了一个极具侮辱性的主意，就是不让晏子走宫廷大门来羞辱他。

再说晏子，为了交好楚国，经过长途跋涉来到楚国城门前，却发现楚国都城城门紧闭，城门口站着蘧启强和几个官员。

晏子心里觉得奇怪，外国的使团来了，他们怎么还关上了城门？

蘧启强不理睬晏子的疑惑，只是一脸蔑视地看着矮小的晏子，引领晏子来到了城墙边上新开的小门前。小门矮小，只能让一个人低头通过。

蘧启强看着晏子不进，就说道："晏大人的身材，正好适合从这个小门洞通过。晏大人，你请钻进去吧！"

晏子一看新开的小门，就知道楚国的臣子要以自己身材矮小来羞辱自己。他们这样做，肯定是因为对齐国之前的怠慢行为有意见了。所以，晏子决定既要反击，又要完成这次出使楚国的目的，可不能还没有进城见到楚灵王就失败而回了。

晏子不慌不忙地说道："不客气，您先请在前面引路，客随主便。"

蘧启强摇头说道："不，这是给贵客走的门，我们一会儿走那边的门。"

晏子微微一笑，机智回答："这就是个狗洞，我如果出使的是狗国，那就应该走狗洞，请问楚国是狗国吗？如果不是，还是请打开人走的城门。"

蘧启强听完，和侍卫们面面相觑，无法争辩了，不得不给晏子开放大门。

一句机智幽默的回应，就化解了这次难堪的入门刁难，可见，晏子反应是何等的迅速。

进城之后，迎面走来一大队高大的勇士，他们来到晏子面前，挥动兵戈高声喊叫欢迎晏子。晏子看出这个安排还是在嘲笑自己个子矮小，故意站出来做对比，伤害性不大，但侮辱性极强。

晏子问蓬启强："这些兵士到底是示威还是在欢迎？楚国是不欢迎远来的宾客吗？还是这就是楚国的待人之礼？"

蓬启强闻言尴尬，只好让士兵退下了。

晏子一路的表现都被报告给楚灵王，楚灵王很是不甘，就想着继续戏弄晏子，看看能否扳回一局。

当楚灵王在宫殿内见到晏子，一看晏子矮小，样貌丑陋，似乎超出了自己的想象，开口便嘲笑齐国是没有人了么，怎么派了个矮子做使者。

晏子早就知道楚灵王性格乖张，为人无赖，没想到这么无赖地对待出使而来的使节。

但晏子却没有恼羞，他平静地回答："齐国能人无数，晏某人自然是齐国最不起眼的官员。"

楚灵王冷笑地问："既然齐国这么多能人，怎么偏偏派你来？"

晏子不好意思地笑道："只是我们派使臣出使有个规定，贤能之人自然派去有贤名的诸侯国，来楚国只能是其貌不扬、不够贤德的晏子。"这样的反讥，让楚灵王也无话可说了。

面对羞辱，晏子机智反驳，维护了齐国和自己的尊严。楚人三次羞辱晏子没有得逞，楚灵王就在宴会的时候又设一计。

宴会时间，有士兵绑着一个黑衣贼人从大厅门外经过，楚灵王喊进士兵询问发生什么事了。士兵说此人是齐国人，偷东西被抓住了。

楚王一听故作吃惊，就问晏子："晏大人，齐国的人都喜欢偷东西吗？而且还偷到楚国来了。"

晏子知道是楚灵王故意设计羞辱自己，就幽默地回答："橘树种在淮南，生长出来的是橘子。倘若种在淮北，生长出来的就是枳。因为水土不同，吃起来味道也截然不同，这说明土壤和气候等外部环境，对橘树影响很大，更别说一个人了。他在齐国能够做好人，换了地方却做了盗贼，难道不是环境使然吗？"

晏子以橘树在淮水南北生长的习性不同，结的果子就优劣不同，来讽刺楚国的水土风气不好。本来在齐国遵纪守法的好人，来到楚国却成了盗贼，只能说明楚国的环境容易培养盗贼。

楚灵王听了此话，算是对晏子的机智论辩能力服气了。他只好讪笑着自我解嘲，并坦荡地承认是自己做得不对，不该以貌取人。事情到此，楚灵王算是给彼此一个台阶下，要一笑泯恩仇。晏子很聪明，也适可而止，没有再追究。会谈气氛一下子恢复轻松。楚灵王和楚国大臣都开始重视晏子，承认盛名之下无虚士。

一场宴会，几番试探，晏子从容自如，以礼立身，能言善辩，语言妙趣横生，赢得了楚灵王的好感。楚灵王这次以最高的礼节厚待晏子，还向晏子赠送了很多贵重的礼品。

但晏子通过这次出使，也看出楚灵王不是贤明的国君，他的统治长久不了，齐国不用担心楚国的威胁。

这一次，晏子出使楚国顺利完成交好楚国的使命，化解了一场楚国对齐国的敌意危机。同时，晏子虽然貌不惊人，却智慧从容，维护了齐国的尊严，令人不可小觑。楚灵王尊重晏子这个人，便也尊重齐国，使得齐国在各诸侯国中的声誉逐渐提高。事情传开，晏子的名声更加响亮了。

## 三、远亲不如近邻

晏子出使楚国和晋国，都顺利完成了外交任务，两个大国都对齐国放下芥蒂，和平建交了，自然给齐国营造了很好的外交环境。

公元前 529 年，齐景公得知齐鲁接壤之地，摩擦时有发生，心血来潮，他想要出兵攻打鲁国，还询问晏子等文武大臣的意见。

晏子心中清楚，齐鲁接壤，因为流民和土地问题，经常发生战斗。光齐灵公和齐庄公时期，与鲁国发动战争就有十次之多。归其原因，就是因为齐国欺软怕硬，这几代齐王都是看着鲁国弱小，想欺负就欺负一下，显摆自己的威风。

晏子辅佐齐景公之后，他极力主张和平礼交外邦，谦让鲁国，第一个反对齐国对鲁国攻打和掠夺。

因为鲁国虽然小，却也是周天子分封的诸侯国，如果齐国直接消灭或兼并，就会得罪周天子，也会使得各诸侯国感到危险，掉过头一起对付齐国。既然无法消灭鲁国，那么经常跟它缠斗就毫无意义，没有实惠利益，还会折损兵马，在诸侯之间，树立一个恃强凌弱的不好形象。

但齐景公却不以为然，觉得区区鲁国，揍就揍了，就当是练兵，有什么关系。但晏子却说鲁国君主很讲仁义道德，鲁国百姓很拥护公室，百姓生活的幸福指数很高，算是政通人和。齐国贸然攻打一个仁义国家，名声会变差，最后会惹得其他诸侯国看不过去，联合起来对付齐国，那就得不偿失了。

晏子说，齐国底子还薄，经不起折腾，需要继续休养生息，减轻赋税，这些民生还没有做好，兴师动众去讨伐鲁国，很可能在国内国外都埋下大祸。

齐景公当面无法反驳晏子的话，但是心底还是不服气，觉得现在齐国有实力了，就应该秀一秀，让附近邻国都知道齐国的厉害。因此，他要攻打鲁国的想法，没有完全放弃。

公元前 528 年春，齐景公派勇士傅许带人在鲁国境内随便抓了个叫东门无泽的人。这东门无泽是个普通的农民，齐景公就想从普通农民嘴里知道鲁国的真实情况。农民出身的东门无泽哪里经历过这种大场面，一时吓得瑟瑟发抖，站也站不住。

齐景公命令他如实说来。东门无泽便结结巴巴把自己看到的现状说了出来，当然只能讲农事。

"鲁国这几年耕种正常，没有出现农荒。国内常年没有出乱子，也没有天灾发生，朝廷收的赋税也不高，百姓家里都有余粮……"

齐景公从他朴实的话分析出目前鲁国境内风调雨顺，五谷丰登，百姓生活安定，上下团结一心。果然如晏子所说，鲁国虽小，不容易欺负。齐景公这才接受晏子的劝谏，真正打消对鲁国的征伐之心，并将捉来的东门无泽放回去。

晏子见状，趁机劝说齐景公，可以跟邻邦鲁国交好外交关系。正所谓远亲不如近邻。有个好邻居，可以和睦共处，就会减少灾祸和战乱，也是强国压向齐国的一个缓冲带。

"有道理，相国就负责办理此事，与鲁国重新交好。"

齐景公接受晏子的建议，打算和鲁国重归于好，要把过去攻打鲁国时占领的土地和百姓送还给鲁国。于是，晏子修书一封，派人送往鲁国，表示缔结修好盟约。

齐国抛出橄榄枝之后，鲁国当然很高兴，终于不用平白无故挨揍了。鲁昭公派了一位叫子叔昭伯的大臣来接洽此事。

但是，子叔昭伯并没有照单全收晋国归还的土地和百姓，只接受了一部分，表示不敢多求，另外一部分土地依旧送还给齐国。

齐景公很奇怪，就问鲁国使者子叔昭伯，为何送还原本属于鲁国的土地？

子叔昭伯转述了鲁国君主的诚意，说要以礼让为先，要懂得谦让，拿少推多，不见利忘义，交情才会长久。再说鲁国不能在齐国表达善意的时候，趁机过分索取。鲁国诚心化干戈为玉帛，以后两国不再相互攻打。

齐景公听完点头，感慨鲁国的国君值得交往。从此，齐国和鲁国便友好交往了。从公元前 528 年开始，晏子多次出使鲁国。鲁昭公每次和晏子见面交流，便虚心请教国安民众的方法，如怎样使国家安定、人口繁多、国富民强等问题。

晏子会很诚恳地回答鲁昭公的问题，不论是治国安邦的道理，还是改善民生的方法，使得鲁昭公受到很多启发，很是敬重晏子。

公元前525年，晏子再次出使鲁国时，因为跟鲁昭公很熟悉了，相谈甚欢，就如同老朋友一样。

鲁昭公忽然问晏子："都说良禽择木而栖，晏相国乃是天下皆知的贤明之人，为何要苦留在齐国，侍奉齐景公这样一个不贤明之主？"言下之意，齐景公非明君，而自己却有贤名，期望晏子过来相助治国。

晏子表示要忠于自己的国家，同时很谦虚地说自己是个很普通的愚笨之人，齐国像他这种人还有很多，自己只是运气好而已。

晏子还表示，以他的能力，也只能侍奉一个不够贤明的国君，勉强能胜任，哪有能力再换地方选择更有智慧的明君？

这一番话很巧妙，晏子既表示齐国的能人很多，又夸奖了鲁昭公有智慧。如此机智又谦逊的相国，愈发得到鲁昭公的认可。他一直都对晏子赞赏有加，觉得晏子名不虚传。

# 第八章

## 举贤任能，除暴安民

## 一、途中赎走越石父

晏子成为齐国的相国后，兢兢业业，一晃多年过去，已经辅助齐景公取得不俗的成就，颇有"中兴"的势头。晏子还总结齐桓公之所以能称霸诸侯，是因为齐桓公看到贤能之人就留下来，不让他埋没乡野，知人善用，从不怠慢和敷衍。

晏子根据这个经验，认为能否任用贤能人才，是关乎国家兴败存亡的大事，如果一个国家，没有圣贤人才可使用，没有一个圣明的君主在位，都很难成为诸侯霸主。想达到内圣外王的霸主地步，二者条件缺一不可。

所以当齐景公在询问晏子如何才能治理好国家，逐渐能够达到称霸条件时，晏子总是回答要举贤任能，吸纳足够多人才，为齐国所用，才能使齐国逐渐强大，无限接近称霸的实力。

因此，晏子在辅政时，把给国家推荐贤能人才，作为己任。而且晏子举荐贤人，只论才华，不论贵贱身份。

在公元前 539 年，晏子出使晋国，路遇越石父，赎他回家尊为上宾，就是个典型的例子，流传千古。

故事是这样的，晏子从晋国返回齐国的途中，经过中牟（今河南省中牟县），他见有一个头戴破毡帽、反穿兽皮做的衣服的男子，从背上卸下一捆柴草，停在路边歇息。这个人的神态和举止都不像是乡野之人，而且脸上带着一种有学问的气质。

晏子很好奇，这个人为何会落到如此地步呢？于是，晏子让车停下来，亲自下车询问："请问你是何人？是怎么沦落到此处？"

那人如实相告："我叫越石父，是齐国人，因为家道中落，生活不下去，三年前来到异国他乡中牟，卖身为奴了，现在想回齐国却无法回去。"

晏子又问了几句，这个越石父都能对答如流，甚至还懂得一些周礼等知识，看问题的视角也很独特。晏子认为这个越石父是个人才，在这里沦落成奴才太过可惜了。

晏子问道："我见你仪表堂堂，有内秀在身，打算为你赎身，可愿意跟随我回齐国去？"

越石父看着晏子，露出惊讶之色，欣喜："当然愿意。"

"那好，为你赎身后，就是我晏府的人了。"

晏子当机立断，用自己拉车的一匹马，给越石父赎身了，并带他一道回到齐国。

晏子到家后，得知家中来了宾客，于是忙着下车，走进府内，去招待家中来客了，将越石父独自一人丢在门口，也没有把他介绍给家人和朋友。

越石父有些不高兴，走进大门，站在院子的角落，几次想要跟晏子说话，晏子却一再忽略。这让越石父很是失落，他想了想，就收拾好了包裹，打算离开晏子，返回晋国继续为奴。

晏子知道后，马上赶来，十分不解地询问："你我二人素不相识，我见你谈吐不俗，同情你的遭遇，为你赎了身，带回齐国获得自由。我这般待你，有什么不好？你为何执意要返回晋国继续为奴？"

越石父回答道："两人之间，如果因为互不了解而让对方心生委屈，不知者不怪，是情有可原的。但是，如果一个人被了解能力和品质后，依然还受到委屈，那就不必相处了，还不如离开。"

"我怎么就给你委屈了？"晏子疑惑不解。

越石父解释道："你为我赎身，我以为你是了解我、尊重我的才华，的确高兴了几天。没想到你一路之上，甚至返回家中，你都不曾对我有半点儿礼敬之意。我认为，你并不是真心帮助我，在你心中我仍旧是个奴仆。真正的仁慈，应该是施恩于人，却不趾高气扬。真正的接受，是受恩于人，却不低三下四。所以，我宁愿离开你去给陌生的人做奴隶，也不要经受你这等能人给我的委屈。"

晏子听完，恍然大悟，知道自己错在何处了，他连忙向越石父道歉。因为这段话，他被越石父的真诚和独特的见解所打动，于是派人以贵宾之礼招待越石父，为他安排贵客的房间，酒席上请他上座。

众人都看到了越石父在晏府所受到的不同待遇，晏子以为此时的越石父定是非常满意，就问他这样是不是心情好多了，不料，越石父却摇摇头说道："你的心意，我已知道了，但道歉真心即可，无须有这般表面上的客气，请拿我与众人同等对待就可以了。"

听到此处，晏子大为感动，对越石父开始由衷地钦佩。

从此，晏子将越石父视为挚友，而越石父也很感动，一直留在晏子身边，替晏子做了很多事，功绩显著。晏子在齐国大有作为，其中有很多谋略和思想都来自越石父对他的帮助。

从这个故事可以看出，晏子在识人上有独特办法，哪怕见到奴隶下人，也会细心观察，考察对方是否有学问。当时他已经是齐国的相国了，如此尊贵身份，礼贤下士，十分难得。

晏子救人于困境，却不居功自傲的谦恭态度是真正的美德。知人善用、有错就改，也是晏子成功的原因之一。

## 二、不拘一格选人才

在前面说晏子身高的时候，提到了给晏子驾车的御者和他妻子的事，但只是用这个故事说明晏子的身高不足六尺，却没有讲这个御者两口子到底有什么特别。其实这个故事，也是晏子不拘一格推荐人才的表现。

给晏子驾车的车夫是一个身形魁梧高大的男子，他的名字叫吕成。他依仗晏子的贤者名望和相国地位，觉得自己哪怕是他的车夫，都骄傲非凡，很是了不起。

晏子每次出行坐在车里，都是在思考问题，低头锁眉，从没有以身为相国就表现得春风得意、高高在上。但他的车夫吕成却不是这样。他认为自己给堂堂相国赶车，马儿健壮骏美，车盖华美高贵，最重要的是车里坐着的人可是百姓最爱戴的相国——晏子。

正所谓宰相门前七品官，吕成给相国赶马驾车，觉得是一种无上荣耀，趾高气扬，喊着让路时，脸上总是露出一副得意扬扬的神态。

这天，吕成妻子听说晏子车马要经过自家门口，提前在门口观看，发现了自家男人吕成傲慢地挥动马鞭。吕成妻子很生气，觉得丈夫太没出息了。

到了晚上，车夫吕成一回到家，他的妻子以他没出息为借口，提出要跟他解除婚约。这个话如同晴天霹雳，吕成顿时惊呆了。他想到自己可是堂堂相国的车夫，工作这么好，他不明白妻子为何说他没出息。

吕成疑惑不解地问道："好端端地过着日子，我是相国身边的亲信，家里衣食无忧，你怎么能说离就离呢？"

只听妻子叹一口气，说道："晏相虽个头不高、其貌不扬，却是齐国人人敬仰的大相国，名扬诸侯。但他坐在车上，神情稳重，深沉内敛，若有所思，没有一点儿骄傲的样子。而你呢，虽然身材高大、仪表堂堂，却不过是个车夫。一个车夫却自命不凡，大声喊叫显摆，张扬炫耀，目中无人，实在不像话。在晏子这样知识渊博、品德贤明的相国面前，你怎么不能多跟人家学习才能、增长学问，却如此地无脑炫耀自己，赶个马车也要妄自尊大，我看着都替你脸红啊！"

吕成听妻子这样说自己，心中虽然恼火，但是，听着似乎也很有道理。

他妻子显然还没有说完，继续对着他批评："你跟随相国好几年了，每天跟着如此优秀的智慧贤者，你怎么就不知道学习呢？哪怕增长一点儿学问，也足够你光宗耀祖了。所以，我对你很失望，看不到今后的潜力，还怎么继续跟你过下去啊！"

听了妻子的这番严厉的问话，吕成顿时脸红，回想他自己的言行，也觉得羞愧不已。从那以后，吕成很是注意自己的行为，对外人也变得温和谦虚，而且开始找相国借来书籍，读书识字，变得上进起来。

不得不说，吕成的妻子考虑问题就很深刻，也很有传统女性的智慧视角。正所谓"女怕嫁错郎，男怕入错行"，一个女人眼光不好，选择了不上进的男人，那一辈子都会跟着受气，日子过不起来。毕竟在古代，男人才是家里顶梁柱，是一个家族能够兴衰的关键。在古代又是官本位的社会，士农工商的思想根深蒂固，男人只有做了官，进入仕途才能有地位，身份尊贵，光宗耀祖。

吕成认真改错，每天都谦让恭敬，不再以他是相国的车夫而骄傲，他时常书籍在身。如果相国入宫或是去官员同僚家中做客，他便掏出书来看。以前吕成都是坐在车辕上睡大觉，或是跟侍卫等闲聊，浪费许多光阴。如今他读书充实很多，逐渐懂得许多道理。

吕成性情和为人处世的突然转变，晏子感到很奇怪。当晏子仔细询问发生了什么事让吕成在改变自己时，吕成说出了妻子的训斥和建议，晏子才知道原来是这么一回事。

晏子说道："原来是这样啊，吕成，你有一个好妻子，是个贤内助，不可辜负！"

吕成回答："我也是这样觉得，以前的自己，太不知进取了。跟在相国身边，是个很好的学习机会，我不能浪费，更不应该浪费光阴和人生。"

晏子点头，很欣赏吕成善于接受别人意见、勇于改过的品行，认为吕成是个好男儿。后来，在晏子的举荐下，公元前532年，吕成还担任了齐国下卿大夫的官职。

晏子在举荐贤能方面，有一套自己的辨识贤人的方法，齐景公很是佩服，就问晏子，关于选取人才的办法，如何能高效、准确地选拔到？

晏子详细地给齐景公做了几条总结，大致上就是通过小事观察人，遇见人才要珍惜，知人善用，但凡有本事的人都不讲究外表，能干实事，不能以貌取人等，让齐景公也受益匪浅。

晏子挑选人才不拘一格，不问出身，却要有真才实学，品德良好。除了越石父和吕成，还有一个，就是青史留名的大将军田穰苴。

故事发生在公元前531年，当时晋国和燕国联手，发兵进攻齐国。

此时的齐国刚平定内乱不久，实力尚未恢复，被对方有机可乘，无法抵挡，短短几个月就丢失了大片土地，形势告急。但朝中并无良将，满朝文武大臣干瞪眼，束手无策。

齐景公很是着急，就问晏子："相国，这可怎么办啊？朝中无可派良将，如何退敌？"

这时候，晏子安慰说："君主不要着急，我知道一个人，文武双全，智勇非凡，很会带兵打仗，是个真正的将才。若能起用他，绝对能够领兵统帅，击退敌军。"

齐景公没想到齐国还有这样的人，就问道："这人是谁？孤王怎么不知道。"

晏子如实说："此人名叫田穰苴，精通兵法，是个天生懂带兵之人。"

"藉藉无名之辈，真的能行吗？"许多大臣根本就没听过这个人，所以，有不少质疑声音，担心他担任不了重任。

晏子坚持说这田穰苴熟读兵书，文能服众，武能威敌。若是朝廷能信任他，派他带兵出战，一定能够保证国家安全，夺回已经丢失的领土。

"孤王也从没听说过此人，他是田家的人吗？"齐景公询问道。

晏子回答："此人确实是田家的，但是田家在齐国一百年了，有很多分支后代。目前只有田桓子这一族在齐国做了大官，其他分支都已经没落贫困了。田穰苴已经与田桓子毫无牵扯和来往，现在就在乡下种地，国君若是起用他，他必然会心存感激。"

齐景公觉得有道理，就吩咐道："那就传下旨意，让田穰苴入宫觐见吧。孤王跟他见面，看他是不是真的像你说的那样懂兵法、有谋略。"

几日后，田穰苴入宫，面见齐景公。二人当面讨论一些军事问题后，齐景公发现此人果真了不起，学问很深，于是就任命田穰苴为将军，派他带兵出征，去抵抗晋国和燕国的进攻。

可是田穰苴却摇头说："国君，我出身地位低下，只是一介百姓。现在国君忽然提拔我做将军，使我的职位在大夫之上了，恐怕士兵们不会听我的命令，老百姓也不会信任我。"

"那怎么办呢？"齐景公听了这个话，也有些担心，军情危急，即将就要带兵出征，可不能再出事啊！

"如果国君再派一个亲信，又是大家都敬重的人来给我当监军，那就好办了。"田穰苴建议。

齐景公便答应派亲信庄贾去给田穰苴做监军。田穰苴跟庄贾见面后，二人约定好第二天正午在军营里点兵派将，商讨军事。田穰苴担心他不遵守，临别时候又叮嘱了庄贾一遍，但庄贾不耐烦地回应一句，浑然没有当一回事。

第二天上午，田穰苴在军营立起一根看日影的木杆，等着庄贾的到来。

这田穰苴治军严格，令出必行，毫不姑息不严格执行军令的人。但庄贾仗着自己出身高贵，又是宠臣，根本没有把田穰苴跟他的约定放在心上。正午到了，庄贾还没有来。

田穰苴脸色沉下来，不再等待庄贾。他开始点名，整顿军队，明确军纪，训练士兵。

但是齐国的军队纪律很差，士兵懒散，半天才把军队集合好。田穰苴叹息，这样的军队怎么打仗？出兵前首要任务是整顿纪律。

天黑下来，庄贾才醉醺醺地来到军营。

田穰苴质问："为什么你来得这么晚，违背了我们的约定？"

庄贾有点儿醉酒，便毫无顾忌地说："亲朋好友得知我要出征，都在为我宴酒辞行，所以喝多一些，就来迟了。"

田穰苴闻言大怒，呵斥说："简直目无军纪！目前国家危难之际，百姓的生命都在众将士的身上，国君为了国家安危，睡不着觉。你庄贾领了军令，竟然还有时间贪恋宴席上的送行，迟到而来，耽搁大军启程日子，按军法迟到者当斩！"

他说完后，就命人把庄贾绑了要杀头。这可把庄贾给吓坏了，他一边狡辩，一边派人赶紧去宫中求救，结果求救的人还没有回来，田穰苴就已经把庄贾斩首示众在军营中。

田穰苴刚上任，斩首了不按约定时间到军营集合的监军庄贾，三军将士看到田穰苴决然砍下齐景公宠臣庄贾的头，并将其头颅示众，铁面无情，一时都吓得不敢懈怠。三军上下严遵军令，对田穰苴也是肃然起敬。

齐景公派使者乘马车来到军营，传达旨意，要赦免庄贾，但为时已晚。

田穰苴威严地说了一句很经典的话："将在外，君命有所不受。"

使者还想指责，田穰苴就以军营中不能跑马，要斩宫中使者，把使者也给吓得面色大变。

但使者毕竟是齐王传旨之人，不可真斩杀，田穰苴便下令斩了使者的马夫在三军前示众。传旨使者吓得不敢逗留，立即回宫复命了。三军见田穰苴做事雷厉风行，对田穰苴肃然生畏，军纪一下子就扭转过来了。

田穰苴带兵出征之后，他爱兵如子，与底层士兵同甘共苦，同吃同住，亲自照顾士兵，对士兵关爱有加。这样一来，兵将同心，士气昂扬，就连病弱的士兵都要求一同奔赴战场，只为报答将军的关怀。

晋国和燕国一听田穰苴严格治军，锐气正盛，第一战就势如破竹的消息，后面的大军便闻风丧胆，动摇了军心。晋国和燕国急忙撤兵不战而退，田穰苴指挥部队乘胜追击，夺回所有失地后凯旋。

齐景公听完战报大悦，直接册封田穰苴为齐国的大司马，掌管齐国的军队，后人称之为司马穰苴。他的一举成名，也体现了晏子识人准确的能力，更体现了晏子任用、推荐贤人不拘一格的态度。

自那之后，齐国文有晏子，武有田穰苴，两人联手辅佐齐景公，齐景公如虎添翼，使得齐国出现少有的升平景象，有"中兴"之称。

## 三、二桃智杀三士

晏子在担任相国期间，除了善于挖掘人才，知人善用外，还极力主张除暴去佞，为招贤纳士扫清障碍。他认为，只要恶人不除，忠贤之士难进。

由于在春秋中后期，诸侯不断攻伐，局面混乱，自上而下，私刑较多，仇杀难止，杀人如草芥，百姓苦不堪言。而上层社会，也是养士成风。这些士里有许多勇士、杀手、侠客等，一言不合，他们就会拔剑刺之。所以，私养死士和私人武装盛行一时。

当时齐景公在宫内也养了不少厉害的勇士，以此为乐。他信任这些勇士，并让勇士们当差做官，赐予爵位。其实这些勇士大多是四肢发达、头脑简单之辈。他们这群人不懂礼仪，不讲道义，有些还是无赖。他们凭借齐景公的宠信，到处欺压百姓。

其中有三个人最为勇猛，他们分别是田开疆、公孙接、古冶子。

田开疆曾跟随齐景公出征过，拓疆开边，有过功劳。公孙接是在齐景公打猎遇到猛虎时，打虎救主过。古冶子是在黄河边斩鼋救齐景公的勇士。

这三个人勇武异常，最受齐景公的宠爱，赏赐他们三人"五乘之宾"的爵位。三人也是互相欣赏结为兄弟，号称"齐国三杰"。

因为被国君宠信，又加上武勇异常，所以他们目无法度礼仪，不可一世，对公卿大臣无礼，甚至有时候连齐景公的话都敢顶撞。

这样三个人，不讲礼仪，蛮勇无智，在齐国横行霸道，晏子看了非常担忧。他觉得，国家要是依靠这样的人，迟早要灭亡。当时田氏家族的势力在齐国越来越大，田开疆又属于田氏一族，晏子觉得此人若是被田氏所利用，阴谋叛乱，必成国家大患。

晏子就劝谏齐景公，陈说贤明的君主养的勇士，对上知道君臣大义，对下懂得爱护百姓，在内可以对付坏人，对外可以攻打敌军，国家因为他们而得到好处，这样的勇士，值得敬重。但现在国君所养的这三位，轻视君臣之礼，不懂仁义道德，简直就是暴徒啊！一旦被有心人利用，许以好处，说不定就敢弑君了，万不可留，不如除掉算了。

齐景公一听有些害怕了，毕竟他对这三人的行为也看在眼中，烦在心里。三人自恃救主有功，已经开始胡作非为了。齐景公也已经对三人心怀不满，就是一时没有想到好办法铲除。现在他听晏子这么一提，就把难题抛给了晏子，让他想办法除此大患。

"晏卿，这件事你可有什么好办法解决，以绝后患？"

晏子回答："容臣想一想计策，不可动刀动枪，以免走漏风声，激发祸端！"

毕竟三大勇士在临淄城已经小有势力了，又是厉害的武夫，晏子也觉得同时派人去击杀三位勇士，若被对方冲出去，后患无穷！再者，那三人还有复杂的社会背景，万一打虎不成肯定会被虎伤。

公元前528年秋，刚好鲁昭公来到齐国巡游，齐景公设宴款待。宴席的第一块区域有四人位列，身份尊贵，分别是鲁昭公、齐景公、晏子、叔孙诺。

朝中文武大臣在堂下作陪，但田开疆、公孙接、古冶子三杰佩剑立于堂下，态度傲慢无礼。晏子经过他们身边的时候，他们对晏子视而不见，引得群臣私语。

　　鲁昭公和叔孙诺看到了也是一脸不解，觉得这几位勇士似乎有点儿过于傲慢，对相国尚且如此，平日里对待其他人，很可能更嚣张跋扈吧。齐景公见状，甚是尴尬，心中也有了怒意。

　　晏子看着眼前情景，心中忽然生出一计来。他起身说园中金桃已熟，要去摘几个回来请二位国君尝鲜。众人没有多想，都点头答应了，晏子于是亲自去园中摘桃。

　　片刻时间后，晏子回来，他并没有摘一筐给殿内每人分一个，而是只摘来了六个鲜香扑鼻的大桃子，数量少，显得珍贵，必须有身份的人才能吃上。

　　晏子渲染一番，说金桃成熟比较少，只有这六个是头茬，十分难得，非寻常身份可以食用。然后，他机智地呈送给齐景公和鲁昭公每人一个桃子，两位君主欢喜地接过来各吃一个，盘子内还剩下四个桃子。

　　齐景公拿起一个桃子赐给叔孙诺，说道："叔孙诺学问高深，有治国之才，天下闻名，应当吃一个桃子。"

　　叔孙诺赶紧谦让说道："请国君先赐给晏大人吧，我的才学自认赶不上晏大人，他身为齐相，内修国政，外服诸侯，天下闻名，这个桃子应该先给他一个。"

　　齐景公哈哈大笑："有道理啊，你二人都是国之栋梁，世间能臣，不分轩轾，都有资格先食用。"

齐景公说完，便赐给叔孙诺和晏子各一个桃子，这样盘中的桃子只剩两个了。

晏子这时候提议道："国君，请把这两个桃子送给门口最杰出的勇士吃吧！"

齐景公疑惑地看着两个桃子，问道："只有两个桃子，他们三个人怎么吃？"

晏子微笑说道："桃子有限，自然不能每人一个了，那就让他们比一比谁的功劳大，谁对国君恩情最多，谁就可以先吃到一个桃子，功劳小的人没资格食用，这办法如何？"

齐景公还不清楚这是晏子使用的离间计，他完全看热闹的心态，欣然同意了，就传令下去。

晏子便拿了桃子到门口，对三位勇士传了齐景公的旨意。

这三位勇士都是有勇无谋之人，如何知道是计，他们被晏子和齐景公的话一激，顿时按捺不住了。先是公孙接上前表功，称自己在南山打虎救了君主，功劳很大，若非自己救主，齐王只怕凶多吉少。

晏子点头说："这公孙接确实功劳大，冒死救主，应该吃一桃，再请国君赐一杯酒奖励。"

群臣顿时鼓掌赞扬。如此，一个无礼的莽夫在两国国君的宴席上，得到了这般赏赐，荣耀更是了不得，可以想象当时公孙接吃桃喝酒的得意样子，一定是骄傲得不可一世。他这样荣耀骄傲，其他两人肯定羡慕。

果然，古冶子也忍不住了，立即抢先一步站出来表功，述说自己在黄河上杀鼋救齐景公。倘若没有他，齐景公也难以活命，理应也吃上一个桃子。晏子说有道理，便把最后一个桃子，给了古冶子。

这一下，可把田开疆给气坏了。三人并称"三杰"，但是论武艺和功劳，田开疆觉得自己超过了那两个人。他上过战场，功劳甚大，但现在却没有吃到桃子。

此时，田开疆起身愤怒说道："打虎杀鼋没什么了不起，击杀的不过是野兽，不算真本事。本人上过战场，立过大功，救国于危难，最应该吃一个桃子。"

晏子捋须摇头叹息说："田勇士的功劳，的确比公孙接和古冶子两位高一些，但是很可惜啊，桃子已经分没了，你晚说了一步，不如那两位勇士积极表现。要不等桃子再熟了，晏某再摘一个，给田勇士送去家里食用可好？"

在两国君主、文武大臣面前吃桃子，跟回家吃一个桃子，那能一样吗？

田开疆很是愤怒，觉得自己没有吃到桃子，是被羞辱了，无颜再立于朝堂之上，竟挥剑自刎，一命呜呼了。

公孙接一看大惊，顿时觉得自己一点儿小功却抢先吃桃，逼死了结拜兄弟，实在不该，现在没脸活了，然后他也拔剑自杀了。

古冶子见状大哭："我们三人结拜，如同兄弟，誓同生死，如今你们因分桃而死，我有什么颜面独活？"他说完，竟也自刎了。

顷刻间，齐国三位嚣张跋扈的勇士接连自杀，满堂文武和宾客惊得目瞪口呆。

齐景公长叹不语，忽然间明白了晏子献桃意图，心想姜还是老的辣啊！

晏子见为公室解决了后患，此时站出来圆场，巧妙地解释："这样有勇无谋的匹夫，为一个桃子无礼地叫嚣于朝堂，全然无视君臣之礼，竟然在朝堂之上意气自杀，毫无意义，大家不必惋惜，我齐国多的是智勇双全的俊杰。"

就这样，晏子用两个桃子杀了三个勇士，除去了国家隐患。后来，齐景公心有不忍，派人把三勇士葬在齐国宫城东门之外的荡阴里，后人称之为"三士冢"。

## 四、社鼠猛狗巧比喻

晏子做了相国之后，二十年如一日，兢兢业业为齐国谋发展，改善民生，缓解外交，可谓竭尽全力。但齐景公并无大才，一直贪图享乐，反复无常。在齐景公执政中后期，朝堂之上出现一些阿谀奉承之辈，逐渐成为齐景公身边的红人，弄权作弊。晏子对此十分担忧，可齐景公却觉得这不算什么事。

公元前522年，齐景公出巡北方城邑，跟随驾的晏子对谈，在聊到治理国家时，齐景公就问晏子，治理国家，什么事情是最令人忧虑的？

晏子回答："最令人忧虑的，就是防止社鼠和猛狗。"

齐景公不知社鼠和猛狗代表什么，十分好奇，询问晏子："什么是社鼠和猛狗？治国跟管理动物还有关系吗？"

晏子幽默地说："您看前面的那个社坛，四周有树，有垒砌的土墙，里面存放祭祀用的供品，必然有老鼠去那里居住，祸害社堂。用烟火熏老鼠吧，会把树烧坏；用水灌吧，会把土墙泡坏。所以讨厌的老鼠就不能被及时杀死，一直藏于社坛中捣乱、祸害。"

齐景公看了一眼前面的社坛，微微点头，但也不知晏子说这个有什么深意。

晏子忽然解释："君主身边的那些阿谀奉承之人就是社鼠，这些人祸害国家政权，祸害百姓。他们对君主隐瞒真相，贪恋财权。我们若不铲除这些人，他们就要一直生乱。但要是有忠臣站出来，要铲除这些人，那国君却又要保护他们，不让铲除，这就是投鼠忌器。"

晏子说到这里，见齐景公沉默不语，就继续说道："而君主身边的奸佞权臣就是猛狗。"

晏子跟着举了例子来说明猛狗的祸害，说是有个卖酒的人，准备的酒器干净，卖酒的招牌做得又大又漂亮，价格公道，店铺也很整洁，但就是卖不出去酒，他就问同乡的人，这是什么原因？同乡的人告诉他说，你家的狗太凶猛，来买酒的人都被你家狗给拦住了，这就是你家的酒卖不出去的原因。

晏子继续说："国君身边那些掌权的宠臣就是猛狗，他们只对主人摇尾巴，转过身就对靠近国君的忠臣露出尖牙利齿。哪怕有些贤臣能士想要靠近君主施展抱负、提出谏言，却成为这群宠臣攻击的对象，被他们给赶跑了。在他们眼中，忠臣贤能之士是他们得宠的阻力和障碍。"

"原来如此！"齐景公听了晏子的一番话之后，幡然醒悟，在他自己的身边，的确有不少这类人。

晏子进一步解释，这群宠臣欺上瞒下，打着为国君办事的旗号，欺压百姓。但平时都伪装得很好，不易分辨，除非到了重大变故时候，才会原形毕露。

比如，在齐景公身边的梁丘据，和晏子同时入朝，是一位深受齐景公宠信的宠臣。但梁丘据心思细腻，说话办事对齐景公总是曲意迎合，深得齐景公的喜欢。

齐景公把许多重要的事情交给他去办理，他也办得十分尽力，办理的结果非常符合齐景公的心意。梁丘据对晏子也十分尊敬，觉得自己到死也赶不上晏子的声誉。梁丘据这样说也是贬低自己，奉承晏子，以求工作环境舒适顺利，以免被晏子看着不顺眼谏言上一本。

尽管梁丘据对晏子尊重，可晏子却把他视为社鼠一类的奸佞小人。

梁丘据死后，齐景公想要给梁丘据建一座高大的坟墓，来奖赏梁丘据对自己的忠诚，齐景公很重视梁丘据和自己的君臣之谊。

晏子却不同意齐景公这样厚待梁丘据。他问齐景公："君主，你真的认为梁丘据别无私心，就是一心爱戴君上吗？"

齐景公点头说："是的，平时梁丘据给我送喜欢的玩物，送价值连城的好东西，说话也格外尊敬我，还夸我几乎比肩齐桓公了。"

晏子听完大笑，齐景公还真是把梁丘据当成忠臣了。于是晏子讲了一些梁丘据如何嫉贤妒能，蒙蔽君主等问题。只是以前他在君王身侧，耳目众多，不好如实禀告。

齐景公一听，才发现梁丘据居然把自己危害到了这般地步，于是取消加爵、厚葬梁丘据的命令。

尤其是梁丘据曾草菅人命，心狠手辣，还收取敌国贿赂。他在齐景公和鲁国交战之际，动摇齐景公决一死战的决心，导致齐国打了败仗。

这样的梁丘据在晏子的心里自然是奸佞小人、社鼠之辈，即便是死后也配不上贵族的高坟大墓。

# 第九章

## 节俭清廉，千古留名

## 一、俭以修身，清正廉明

晏子在历史上，不仅以高超的政治智慧闻名，其生活俭朴、为政清廉也足以为世人楷模。他穿衣朴素，日常饭食简单，将自己节省下来的财物都资助给了穷困的亲朋故友和街坊邻居，如此高尚品德为世人传颂。

《晏子春秋》记载，身居相位、政绩卓越的晏子却肉食不足，过着俭朴的生活，而且不接受君主封赏。晏子"贫而不恨"，以节俭为宗旨的处世态度，至今仍有教育意义。

晏子在齐国做相国有四十年。其间，政治局面安稳，百姓安居乐业，日子逐渐富裕起来，按说，晏子的生活也应该跟着富裕起来。但当梁丘据因公事前去晏子家，却看到晏子吃着简单的饭食，连肉都没有，梁丘据惊诧于晏子的俭朴。

梁丘据和晏子一样，都是忠于齐景公的重臣。梁丘据善于揣摩齐景公的心思，因此得到齐景公的重用。公元前 522 年，齐景公生病期间要杀祭祀官，梁丘据同意了，晏子因此觉得梁丘据是个冷血的人。晏子不喜梁丘据，齐景公对此一直都清楚，但是梁丘据却不以为意，回去就把晏子生活俭朴一事告诉了齐景公。

梁丘据说："君主，今日我去晏相国家里办事，发现晏相国日子过得很拮据，吃的饭菜很简单，都不及一些富裕的百姓家里。"

齐景公好奇地问道："哦？那你说说，是怎么个情况？"

梁丘据皱着眉头说道："相国为齐国操劳，吃的却是粗茶淡饭，连肉都没有。"

齐景公一听，沉思一会儿道："看来相国家里很是贫穷，也不知是怎么回事。"

梁丘据知道齐景公关心晏子，不忍晏子受苦，肯定会赏赐晏子，改善晏子的生活，而自己如果能够从旁积极促进此事，也许正好能改善晏子对自己的看法，减少晏子对自己的针对。

梁丘据说："晏相国的俸禄如果仅供他自己生活花销，那是够了的，但晏相国关爱百姓，又是救灾，又是救助穷苦平民，还时常资助一些亲戚，所以他自己就过得拮据了。"

齐景公一听，心里就有了打算。

过了几日，齐景公封赐晏子台邑和无盐邑两地，田无宇领旨办差，晏子拒绝了旨意，田无宇无法完成任务，只好回禀给齐景公，齐景公亲自找晏子谈话。

齐景公对晏子说："相国的日子过得拮据，要不是梁丘据告诉我，我还不知道。这两块地的田租赋税，可以改善相国的生活，这也是相国应得的。"

晏子给齐景公行礼，道："君主，我的日子虽清苦，但尚可维持，我也不希图获得更多的封赏和土地，因为那会让人变得贪婪，沉迷于奢侈的生活。况且公室的土地越分越少，这是我所不能接受的。"

齐景公见晏子不接受，也就不勉强了，可是晏子生活清贫，甚至没有肉吃，这始终让齐景公放心不下。

于是，一天午饭时，齐景公突然派梁丘据去晏子家里拜访，梁丘据抵达晏子府上时，晏子正在吃饭，于是请梁丘据一同入座，然而准备的饭食却不够，梁丘据和晏子就都没有吃饱。

梁丘据回去对齐景公说："君主，相国家的日子确实清贫，吃的是粗茶淡饭不说，还因为我的突然造访，导致相国家饭都不够吃了。"

齐景公听了那还了得，自己哪一顿不是满桌佳肴，只吃几口？而自己的大相国竟然会因为家中突然多出一口人，导致饭食不够，连个客人都无力招待，简直是穷困潦倒。

齐景公连连道："失职啊，这是孤王失职了，晏相国的日子这般窘迫，我居然不知道，是孤王对相国的生活关心不够啊。"

齐景公大手一挥："你去，给相国把这些金银财宝送过去，就说是孤王说的，让他收下这些招待造访的宾客，也改善一下自己的生活。"

梁丘据把金银财宝送过去之后，晏子却谢绝了。

晏子对梁丘据说："还请梁大人带回去，告诉君主我不需要这些，我的日子也不是你们想象的那般贫穷。"

梁丘据无法，只好回去给齐景公带话，齐景公不依，派梁丘据再送过去，又被晏子拒绝，齐景公让梁丘据继续送，梁丘据只得不厌其烦，耐心地跑来跑去，如此反复往返多次，晏子还是不收。

齐景公生气了，对梁丘据说："晏相国也太固执了，我送他土地他不收，送些金银财宝也不过是想改善他的生活，他这样拒绝，真是太不近人情了。"

齐景公的话传到了晏子的耳中，晏子没想到会因不接受馈赠而惹得齐景公生气，赶紧来到宫里拜谢齐景公对自己的关心，并向齐景公解释。

晏子诚恳地说自己并不贫穷，还说："君主啊，你给我的俸禄完全够用了，我甚至还能用俸禄接济亲戚，救助穷人，日子过得平安而富足。梁大人突然到访我家，饭食未能及时准备，这才款待不周，造成误会。"

齐景公心中疑惑，想着此事还得自己亲自查实，不能仅听梁丘据的片面之言。

于是有一天，齐景公亲自去了晏子府上，晏子正好在吃饭，齐景公看见晏子餐桌上的饭食，果然如梁丘据所说是粗茶淡饭，没有肉，量还很少。

齐景公又气又心疼，对晏子说："相国，我每次给你赏赐，你都不收，你日子过得这么清贫，却说自己无需那些财物，你这样的话，叫我这个做君主的情何以堪？"

晏子说："君主，对我来说食有粗茶淡饭，衣有布服麻履，能够免于饥饿，安度晚年，这样的生活足够了，我真的不能接受您更多的赏赐。"

齐景公急道："相国怎么这般固执？先君齐桓公，把五百社的人口和土地分给管仲，管仲没有推辞就接受了，管仲的后人也因此过着优厚的生活。相国你为什么就不收我的馈赠呢？你不为自己着想，也该为后人着想啊。"

晏子："智者千虑，必有一失，愚者千虑，必有一得。我想管仲的千虑之失，就是我的千虑之得吧。所以，我只能再次拜谢君主盛情，却不能接受您的赏赐。"

晏子始终没有接受齐景公的馈赠。

很多人不懂晏子，认为一个人做官辅佐君主，就是为了功名利禄，晏子为什么拒绝呢？梁丘据也问晏子："相国生活清贫，连肉食都不够吃，为什么不接受君主的赏赐？"

晏子说："这是因为我以善良节俭为师，我若接受赏赐，就是背弃了师尊之道，我当然不能接受。"

最后，齐景公见晏子执意拒绝赏赐，就问他："相国你可有什么别的想要的？尽管跟我说。"

晏子沉思一番，说道："我想要君主放宽对商业的限制，允许小贩四处贩卖，边境只检查不收税；还想要君主减轻刑罚；还有就是请君主提倡节俭，约束官员，不可鱼肉百姓。"

齐景公依了晏子的话去做，还派人去考察这些政策落地的效果。得知诸侯国纷纷夸赞齐国安定富庶，国君贤良，齐景公十分高兴，对晏子愈发心悦诚服。

还有一个故事，说的是晏子有一件狐裘皮袄穿了三十多年，皮衣上面的毛都磨光了，还是舍不得扔掉，就连出使他国或者进宫觐见，都不换件新的。齐景公实在是看不下去了。

齐景公："相国，你看看你穿的这件皮袄，上面的毛都掉光了，实在是有些寒酸，一国大相应该穿得体面些，我送你一件白狐大衣吧。"

晏子却拒绝了齐景公的恩赐。

齐景公再劝："这样的大衣我有两件，我送你一件，你如果不穿，我就也不穿了，与其放坏浪费了，相国不如现在就穿上。"

晏子一听，连忙作揖行礼，说道："君主，您命我主持百官之事，对此我深感君恩，若是再让我穿着和您同样的衣服上朝，那我岂不是犯了僭越的罪过，失了君臣的大礼？我还怎么约束百官、教化百姓？"

晏子几句话说得齐景公无言以对，这皮袄也就送不出去了。

几个月后，齐景公对梁丘据说道："梁大人，我今日看到晏相国乘坐一辆破车来上朝，这实在是有失国相身份，我这有一辆四马拉的气派马车，你给晏相国送去吧。"

"相国每天都乘着那辆破马车出入，我送去怕相国不收啊。"梁丘据也是发愁，晏子这个人他可搞不定。

齐景公一听长袖一挥，说道："马车又不是土地，也不是金银财宝，更不是和我同款的狐裘，不过是一辆车，你给他赶过去就行。"

梁丘据只好把马车赶到了晏子府上，果不其然，遭到了晏子的拒绝。齐景公又让再送，那天，梁丘据赶着马车来来去去好几趟，晏子也没有收。

齐景公生气，质问晏子为何不收。晏子诚恳地用拒绝白狐裘衣的话再次拒绝了齐景公，齐景公听晏子说的有道理，只得作罢。

晏子节俭朴素的生活作风，获得了国人的好评，却引起了一些小人的非议。他们想尽办法明里暗里打击、嘲讽晏子，但晏子依旧如一股清流，保持着自己清白的本心，出淤泥而不染，濯清涟而不妖，坚守着安贫乐道的生活。

晏子还有一点让人非常欣赏，就是不做违礼之事，一生洁身自好，不慕女色，夫妻两人感情非常好。晏子的妻子不但完全支持晏子的工作，而且把自己纺纱织布赚来的一部分钱，用于周济生活困难的百姓。因此，他们夫妻二人深受老百姓的爱戴。

齐景公有一个女儿，深得齐景公宠爱，这个女儿仰慕晏子的才华和能力，一心想要嫁给晏子。齐景公的女儿多次向齐景公请求："恳请父王把女儿嫁给晏子，女儿很是仰慕晏相国。"

齐景公经不住女儿的再三恳求，不得已同意了。齐景公到晏子家做客。晏子摆酒宴接待齐景公，两人喝得痛快。席间，齐景公看到了晏子的妻子从堂下经过，就故意问晏子："那人是你的妻子吗？"

晏子回答说："是的，正是内人。"

齐景公便乘机说："你的妻子已经年老色衰了，寡人有一个女儿，正值青春貌美，我愿意将她赐给你做二房。"

晏子一听，才明白齐景公的来意，不假思索道："我的妻子之所以年老色衰，是因为她已陪伴我多年，年轻时她也很漂亮。她在年轻貌美时嫁给我，就是把一生托付给了我，我也曾答允要照顾她一生。蒙君主赐婚，晏子万分惶恐，我不愿违背自己当年的诺言，恳请君主收回成命。"说罢，晏子起身行礼，拒绝了齐景公的美意。

　　晏子虽其貌不扬，但因身居相位，贤名远扬诸侯国，因此得到了很多女子的爱慕。对于这些年轻貌美女子的示好，晏子向来洁身自爱，从不曾放纵自己。

　　有一天，有个名字叫"工"的女子亲自来到晏子家，说要见晏子。

　　晏子问女子有什么事情找自己。

　　工便大胆直言："小女子仰慕相国已久，心甘情愿想要来相国枕边伺候，托付终身，做您的妾室，还望相国成全小女子的心愿。"

　　看着前来投怀送抱的工，晏子道："我一个老头子，有什么可仰慕的？更何况我还有妻子相伴，姑娘还是回去吧，莫要自毁前程。"

　　这样的事发生多次后，晏子进行了深刻的自我反省，他觉得，可能是由于自己修养不够，才吸引了这些女子，一定是自己在外面有爱慕美色的表现，或持身不端的举止，才造成了这样的后果。从此，晏子更加注重自己的言谈举止，避免桃花缠身。至此可以看出，晏相国感情专一，坚守初心，是一个值得学习的理想楷模。

## 二、不信鬼神，光明磊落

　　春秋时期，由于科学不发达，人们无法解释自然界的一些现象，因此人们认为万物都是由超自然的神灵掌控并主宰的，应对神灵按时祭祀，并顶礼膜拜，对于神鬼之说也是深信不疑。

　　但是晏子却相信"无神论"，他能够运用自己的逻辑去解释大自然的现象。地震、洪水、电闪雷鸣等，在晏子的眼里，这些都是正常的自然现象。

　　晏子还认为，人世间发生的事情无关神意。他对齐景公说，自然界有着自己的运行规律，太阳东升西落，周而复始，这是自然规律的作用，不会因为人的祈祷和禳祭而改变。

　　虽然晏子不信鬼神，但齐国却常常祈雨。因为降水的多少会直接影响庄稼的收成，影响人们的生存和社会稳定。老百姓对下雨的认识，不是季节的轮回，也不是寒暑的交往，更不是两朵云彩相撞的关系，而是认为天上下雨是由江河湖海的神仙决定的，自周朝开始，就有祈雨的祭祀大典。

　　齐景公对此也深信不疑，他迷信鬼神，经常举行祭祀山川神灵的祈雨仪式。他相信君权神授，相信他的王位是来自神的安排，所以他敬重上天，他向上天为百姓祈福，目的是让上天看到自己的臣服，以求上天保佑自己的江山社稷稳固。

晏子却认为刮风下雨和祈祷没有任何关系，因此极力反对举行祈雨。

有一年天气大旱，齐景公想祭祀灵山上的山神。可是他又不想掏钱，于是就召集大臣们在一起讨论，此事该怎么办。

齐景公说："诸位，本王想要增加百姓的赋税，用赋税所得去灵山求雨，你们觉得如何？"

众臣听了一片默然，虽然大家都认为旱灾之时加重百姓赋税，此举并不妥当，但没有人敢站出来反驳齐景公。毕竟求雨是大事，关乎民生大计，搅乱不得。

这时，晏子站出来大声说："君主，我认为无须祭祀山神，因为山上的树木花草都枯死了，山神自保都难，哪有工夫关照我们这些凡人呢？"

齐景公无奈道："那我们就去祭祀河神吧！让河神保佑我们齐国。"

晏子又说："祭祀河神也是无益，如今河岸干枯，泉水断流，河中的鱼鳖都快渴死了，可见河神也需要一场浩大的雨水来济养自己，自然也无暇保佑我们。"

听了晏子的话，齐景公一时没了主张，就问晏子："既然不能求雨，相国，你说该怎么办？"

晏子敢这样说，自然是做足了准备，他早就通过天文预测雨水，算好时间，此时信心满满地对齐景公开口说："只要君主搬到野外露宿，与灵山大河同忧，和山川自然一起诚心诉求上天，或许就能够感动上天，降下大雨。"

齐景公信了晏子的话，露宿野外三天，果然下了一场雨。

在晏子看来，山神、河神不过是自然景物的缩影，是百姓臆想的，百姓真正遇难时，君主还是应该和百姓一起共患难，体验民间疾苦。哪怕最后不下雨，但因为没有增加赋税，百姓见君主愿意和自己共苦，至少民间的怨言会少一些。晏子反对祭祀山神、河神的观点来自他对自然辩证科学的认知，哪怕到了今天，这样的思想都难能可贵。

齐景公迷信鬼神，渴望长生不老，相信祝巫占卜等巫蛊活动。公元前531年，楚国的巫女微在裔款的引荐下，来到齐国拜见齐景公。

巫女微人长得漂亮，又能说会道，每天和齐景公一起谈天说地。

巫女微表现出超出寻常女子的自信和魅力，看着齐景公道："君主，您这般贤明威仪，使齐国国泰民安，上天是要给您赐福的。"

齐景公一听，开心地笑了："哦，巫师连这个都知道？"

巫女微嫣然一笑，说道："那是自然，我的道术可以向神言说人的需求，禀明人的功德。"

　　齐景公一听很高兴，立即说："那就请巫师推算一下本王的运势。"

　　巫女微微闭双眼，装模作样了一会儿，睁开眼睛神秘地说道："王啊，您可是能成就霸业的圣贤之君，如今您在位十七年了，为何还没有取得卓越的成就？这是因为神灵不知道您的英明和圣德，请让我祭告五帝之神，彰显您的功德。"

　　齐景公一听，可不是吗？辛辛苦苦十七年了，还没有成就霸业，原来是由于神还不知道自己的功德啊！

　　齐景公完全相信了巫女的话，跪拜巫女，请巫女为自己向天神致告。

　　巫女严肃地说："若要向天神致告，还需要巡视都城郊外，确定五神的方位。"

　　巫女微在齐景公的陪同下，在都城外装模作样地转了一圈，最后来到牛山下，又装腔作势一番："君主，五帝神的方位，在国都的南边，请斋戒以后再登此山。"

　　齐景公一听，即刻吩咐裔款主持此事，并给巫女送去了很多斋祭所需的贡品。

　　"等巫师准备好了，还请巫师带着本王和文武官员去牛山斋祭，祈求五帝降福，好成就本王的一番霸业。"齐景公满心巴望着。

晏子得知此事后，立即出面谏阻，直言不讳地说古代成就帝王之业的人，靠的是道德淳厚，广施仁政，不轻身而恃巫，才能得到百姓的爱戴。如今，齐国政治仍混乱，君主却迷信鬼神之说，此举引来百姓效仿，到时，齐国必定会巫风大涨，人心大乱。君主若行此举，别说成就霸业了，能否守住这江山都不好说了，因此万不可行此荒谬之举。

晏子"重人事、轻鬼神"的思想，在当时是难能可贵的。齐景公听了晏子的话，回想和楚巫认识相处的经过，发现自己果然是受了楚巫的迷惑，立刻诚心接受了晏子的批评，授意晏子发落巫女和近臣裔款。

最终，晏子建议将楚巫移到东方海滨拘禁，将近臣裔款革职贬为庶民，这场闹剧才算罢止。

还有一次，主管占卜的太卜柏常骞向齐景公吹嘘："君主，臣的法术又精进了，可以为君主增寿。"

齐景公好奇："怎样才能知道增寿成功了？"

太卜就说："增寿成功，大地会震动的。"

齐景公听了不相信，询问晏子："相国，太卜说自己施法可以让大地震动，你说此事可信吗？"

晏子听了，沉默不语。晏子深知地震乃自然现象，非人力所能左右，太卜柏常骞这般哄骗国君，这是犯了欺君之罪，自己一旦戳破，很可能惹来齐景王大怒，派人把柏常骞给杀了。

晏子出宫后找到太卜，严厉斥责道："近日星宿有变，表明将有地震要发生，你却借机编造了一套哄骗君主的话，君主对此已经产生了怀疑，你还是赶紧去向君主认错，不然若君主知道真相，你的小命怕是难保。"

太卜柏常骞一听，吓得立刻跑回宫中，向齐景公承认自己的错误："君主，我不该利用天象哄骗您，我根本没有能力给您增寿，也无法让大地震动，我这样做都是为了得到君主的更多宠信，还请君主看在我认错诚恳的份儿上，原谅我。"

齐景公见他还算老实，也就原谅了他。

后来，大臣陈子阳听说了这件事，说晏子既没有揭发太卜，让太卜免于一死，又没有让君主继续受骗，如此两全其美，晏子的做法乃是君子行为，这是一种上忠于君、下惠于民的高尚品德。


## 三、谏禳祸星，解梦止戈

公元前522年，齐景公步入中年，背上生出疖疮，后来又转为疟疾，患病一年多也不见好转。

齐景公哼哼唧唧地趴在床上，痛苦地对梁丘据和裔款说道："本王生病这么久，还不见好，你们说说到底是怎么回事？"

梁丘据和裔款互相对视一眼，也是一脸痛苦地陪着齐景公。

裔款说道："许是因为神灵没有关照君主的缘故，还是应该请太祝和太史好好祭祀一场，为君主祈福。"

梁丘据随声附和，齐景公却没有耐心了，说道："一年了，都向神灵祭祀无数回了。"

裔款又说："难道是祭祀的时候不够诚心？"

齐景公声音都变了，说道："本王是天选之人，天神不会不眷顾本王，肯定是因为祭祀的人不诚心，给我把太祝和太史杀了，祭祀天神。"

站在边上的梁丘据说道："王这样想，十分合乎道理。"

晏子一听，这两个奸臣居然挑唆齐景公滥杀无辜，一边在心底痛骂奸臣残忍，一边就去找齐景公理论。

晏子对齐景公说："如果祈祷能让君主康复，那么诅咒就能让君主病情加重。君主偏信奸臣，滥杀无辜，惹得齐国百姓怨言沸腾，诅咒的人这般多，宫中却只有两个官员为君主祈祷，二人之力的祈祷如何抵得过全国人的诅咒？您的病还怎么能好？"

齐景公仔细一想，的确是这么一回事，就急忙问晏子："那该怎么办？"

晏子就说："君主想要病情好转，还是要亲贤臣、远小人，要多做善事，让天下人歌颂您的仁政，赞美您的人多了，没人诅咒您了，君主的病也就好了。"

"有道理啊，就按相国说的办！"齐景公下令不让梁丘据、裔款等谄媚小人处理齐国政务，把事情都交给了晏子管理。

晏子趁机颁布了几条有利于老百姓的政策，让利于民，百姓因此十分高兴。晏子说齐景公："君主，这些天各地百姓受您恩惠，都发自内心感念您的恩德，他们听说了您身体不适，都在诚心为您祝祷，我看您的气色好多了，相信病情很快就会有所好转。"

过了几个月，齐景公的病还真就痊愈了。部分原因是药石的效用，更大的原因，则是由于齐景公受到了晏子的精神鼓励和引导，所谓正气存内，邪气不扰，朝廷治下政通人和，好消息不断传来，齐景公心上没有了邪火，疾病也就痊愈了。

当然，齐景公的迷信，有着时代的局限性。那个时代的人，都从骨子里相信鬼神之说。齐景公虽然接受了晏子的谏言，有所进步，但他迷信的习惯和思维，却不会就此彻底改变。

因此，晏子要时时动用他渊博的知识，来为齐景公解释一些自然灾害现象，并及时劝谏齐景公的一些不当行为。

前面我们也讲了彗星出现，齐景公要祝官进行禳祭，消除彗星，被晏子劝阻。

还有一件事，发生在公元前 521 年，齐国都城上空的荧惑星停留在虚宿位，一年都不曾离开。当时坊间有荧惑星的出现是亡国之兆的流言。

齐景公每天夜观星象，内心深感恐慌，担心齐国会灭亡。他与晏子沟通此事，希望晏子能让自己宽心。

不料，晏子不假思索地说："荧惑星出现，齐国将有大乱。"

齐景公一听，心下不悦，心道好端端的，我虚心来问你，你一个相国，怎么能轻言国家将要有灾祸呢？

于是齐景公不悦道："天下有十二个大国，为什么偏偏只有我齐国要受上天的惩罚？"

晏子说："虚宿星对应着齐国，就会引来上天降下的灾祸。如今齐国依仗武力胡作非为，小人当道，百姓困苦，君主却不自省，因此星宿就乱了次序，对准了齐国，齐国怎么会不灭亡呢？"

齐景公一听着急了，问道："可有办法让它离去？"

晏子就说："既然可以招来，当然也可以让它离开。"

齐景公虔诚地问："那到底应该怎么做呢？"

晏子回答："很简单！平反冤狱，散发官府钱财，施舍百姓；救济孤儿寡妇，敬养老人。如果这些都能落实，世间百恶都可去除，何况只是一颗妖星呢？"

齐景公接受了晏子的建议，如此施行了三个月，荧惑星便移走了。晏子早就通过自然规律看出了荧惑星将要离开，他只是趁此机会，以迷信攻迷信，劝齐景公施仁政而已。

　　几年后，齐景公又不安分了，自恃国力上升，打算带兵攻打宋国，开疆拓土。这件事晏子并不赞同，奈何齐景公一意孤行，非打不可。

　　齐军经过泰山一带安营扎寨，当天夜里，齐景公做了一个噩梦，梦中有两个大汉如同天神，拦住他的去路，还有人拿斧子劈他，把齐景公给惊醒了。

　　次日，齐景公找占梦师给他解梦。

　　齐景公向占梦师讲了这个梦，问道："此梦有何寓意？"

　　占梦师解释："两个大汉就是泰山山神和附近的水神，因为您没有向他们祭祀，又惊动了他们，这才托梦警告，君主只要安排官员去泰山祭祀山神就没事了。"

　　这时，晏子进来了，他听了齐景公的梦境后，对齐景公的这个梦做出了不同的解读。

　　晏子说："君主梦中出现的二人，应是宋国人的祖先商汤和伊尹。这二人受社稷供奉已成了神，他们这是托梦来警告君主，希望您停止攻打宋国，立即退兵。"

　　齐景公不想撤兵，就没有听晏子的话，继续行军。走了几十里，忽然刮起了剧烈的龙卷风，战鼓在飓风中受损，旗杆也被吹断，还死了一些将士。

晏子趁机说："君主，我也梦见了那两个大汉，就是宋国人的祖先商汤和伊尹，他们也托梦警告我撤军，否则就要惩罚我们，果然不假啊！"

这次齐景公相信了，立刻下令撤军，返回齐国，不再讨伐宋国了。

晏子巧妙地利用了解梦的手段，达到止戈的效果，齐国和宋国都没有损失，两国百姓也免遭战乱，这全靠晏子的智慧，是他的善举和功德。

## 四、晚年辞官，德昭后人

春秋时，为官的人七十岁就要辞官，交出职务，回家赋闲。

史料中没有记载晏子是何时辞官的，但根据那时的规定，并考虑到晏子淡泊名利、遵守礼制的性格，因此推测晏子也是在七十岁时辞官。但因为齐景公依赖信任晏子，极有可能会挽留晏子，晏子作为国老，辞官后也可能会参与一些国务仪典的相关活动。

晏子辞官，一方面是因为年龄，一方面则是因为此时的齐国在晏子的执政管理下，政通人和，百业兴旺，国力逐渐强大，出现了"景公复兴"的局面，年迈的晏子终于可以放心辞官了。

晏子辅佐了齐国三代国君，矢志不渝，忠君爱国。他一生清廉、俭朴勤政，忠于君主，敢于直谏，心系百姓，可谓政绩卓绝，是齐国中兴的大功臣，也是齐国历史上继管仲之后的又一位大贤相。晏子晚年辞官，还要把自己得到的封赏归还给朝廷。

齐景公自然不同意，说："齐国立国到现在，经历了数代君主，他们赏赐了很多大夫，还从来没有人因为年老离职就要归还食邑。现在相国您要归还食邑，这是破坏国家固有的法规啊，相国不能这么做。"

晏子回答说："我已经老了，不能为官了，归还俸禄也是理所应当，我不能多占俸禄，让君主名声受损。"

齐景公过意不去，说道："管仲年老时，桓公把按例收取的市租赏给他，管仲的子孙后代都受了恩泽。相国为我操劳至今，我也应该把按例收取的市租给您，福及您的后代。"

晏子摇头说："管子辅助桓公，桓公称霸天下，恩泽百姓。我辅助君主，齐国的地位却和其他诸侯国一样，有的百姓还心有怨恨。是我做得不够好，不能跟管子相比！我的后代若有本事，自有俸禄可领，若是无才无德，却给他们丰厚的俸禄，这会让他们越发贪婪，失去进取之心，因此请您恕我不能接受。"

两人说来说去，齐景公始终不同意晏子退回封邑。后来，晏子回到了封邑，找机会交还了一些赏赐和自己乘坐的马车，了却这些，此事才算完结。

晏子虽然辞官了，仍时刻密切关注着朝堂，心系社稷，也常写书信给齐景公，就齐国的一些重大朝政提出自己的建议。晏子身处乡野，仍间接影响着齐景公的决定。

尤其是齐景公废长立幼一事，晏子更是极力劝阻。

齐景公在立继承人一事上，很是随心所欲。他有七个儿子，其中与正室燕姬所生的嫡长子公子适，未成年便死了。其余六个儿子，以公子阳年龄最长，公子荼最小，但公子荼恰恰是齐景公的爱妾所生，齐景公格外宠爱小儿子，想立公子荼为继承人，这等破坏祖制、废长立幼的行为，令晏子十分担忧。

晏子联想到，齐桓公废长立幼，致使国家大乱、政局不稳；齐灵公也是废长立幼，引发宫中血光之灾、政局动荡。晏子拖着垂垂老矣的病体，驾车入宫，亲自劝说齐景公，说如此不顾礼制废长立幼，会引来宫中祸端，届时会悔之晚矣。

齐景公听完晏子的谏言后，表示会认真考虑此事。但他并没有从心里打消要立公子荼为太子的念想，只是迫于晏子等老臣的压力默默隐忍了。

晏子于公元前 500 年病重，临终之前，叮嘱夫人好好管理家业，不要改变勤俭持家的家风。然后，晏子写下遗言，叮嘱夫人把遗言放在厅堂的柱子后面，等自己死后拿给孩子们看，要孩子们秉持家风，遵守自己的遗言。

晏子的遗言写着："布帛不可穷，穷不可饰；牛马不可穷，穷不可服；士不可穷，穷不可任；国不可穷，穷不可窃也。"遗言还要求薄葬。

那年深秋，晏子走到了生命的尽头。

晏子逝，举国悲。

晏子去世的消息传出，正在外边巡游的齐景公立即下令返回，在途中，他四次嫌弃马车跑得慢，而弃车自己奔跑，但又感觉跑不过马车又回到车上，就这样反复几次，一路赶去晏子的封邑。

齐景公千辛万苦赶到晏子家，扑在晏子的身上大哭，哭诉自己的痛惜之情。

齐景公哭晏子："相国在时批评我的过失，从不遗漏，有相国在，我还能奢侈放松一下。如今老相国走了，以后谁来辅佐我、鞭策我？今后有难，更与谁人说？"

大臣们一听，也不由得跟着失声痛哭，可见晏子在齐景公和同僚心中的地位和分量。

晏子去世后就葬在齐都临淄城故宅旁，后人称这里为"清节里"，现在的晏子墓前立着明万历年间的墓碑，上面刻着"齐相晏平仲之墓"的碑文。

# 第九章　节俭清廉，千古留名

晏子作为一代名相，名垂千古。他一生都忠君爱国，关心百姓，得到齐国人民的敬仰。至今，晏子墓仍受到历代人的保护。

晏子大胆直谏的风骨和刚正不阿的品格影响了朝堂上的一批重臣，他们在晏子去世后，看到齐景公的不当之处，也会及时谏言。就连齐景公自己在听倦了四面八方的阿谀奉承时，也会想念晏子的直言不讳。

十年后，公元前490年，齐景公也病危了，临终前，他还是没有听从晏子曾经的劝谏，执意立公子荼为储君，把其他公子流放到了齐国东部的莱地，避免夺嫡。正是这个决定，导致安定数十年的齐国又进入了动荡时期。

齐国朝堂上，经过一番角逐，田家把持朝政，控制了齐国大权。

从此，齐国"田氏代姜"的局面逐渐形成。这是晏子曾预测到的，他也劝谏过齐景公，却无法改变齐国的结局。在历史的长河中，晏子个人的智慧终究无法改变末世之国的大命运。

但晏子作为齐国历史上的贤相，不但自己在政治上大放异彩，还影响了很多俊杰，受到了当时人的敬仰，对后世进入仕途者也产生了很大的影响。他尽忠直谏的胆魄，忧国忧民的襟怀，廉洁奉公的品格，高风亮节的气节，更是被历代政治家和文人追捧。笔者书写此书，也是想要宣传和弘扬古代圣贤的精神，感化当下。

# 附 录

## 晏子年谱

公元前 586 年，齐顷公十三年，根据司马迁《史记·管晏列传》推测，晏子在此年诞生于齐国莱之夷维（今山东高密）。

公元前 571 年，齐灵公十一年，晏子十五岁，鲁成公夫人齐姜过世，齐灵公命姜姓宗妇都来送葬，莱国国君被邀请，但未到，齐灵公让晏子的父亲晏弱在齐国边境修筑东阳城以逼迫莱国。

公元前 567 年，齐灵公十五年，晏子十九岁，晏子父晏弱灭莱国。

公元前 561 年，齐灵公二十一年，晏子二十五岁，天子周灵天向齐国遣使求娶王后，齐灵公不熟悉应对礼节，特地找晏弱询问，晏弱详尽讲述。

公元前 556 年，齐灵公二十六年，晏子三十岁，晏子父晏弱去世，晏子照古礼为父举丧。同年，晏子承袭父亲之职，入朝任大夫之职。

公元前 555 年，齐灵公二十七年，晏子三十一岁，晋国率十二个诸侯国讨伐齐国，晏子随齐灵公出征，齐灵公怯战逃，晏子问齐灵公：既然没有勇气打仗，为什么不从一开始就制止战争的发生？

公元前 554 年，齐灵公二十八年，齐灵公卒，晏子三十二岁，崔杼迎立齐庄公。同年，晋国内乱，栾盈出逃。

公元前 551 年，齐庄公三年，晏子三十五岁，栾盈自楚奔齐。晏子劝谏齐庄公不留栾盈，齐庄公不听，晏子推测齐国就要大祸临头了。

公元前 550 年，齐庄公四年，晏子三十六岁，栾盈潜回晋国，齐庄公欲趁乱攻打晋国，问晏子意见，晏子反对攻打晋国，齐庄公反感晏子，晏子辞官隐居东海之滨。

公元前 548 年，齐庄公六年，晏子三十八岁，齐庄公因私通崔杼之妻被崔杼杀害。晏子从隐居地回国都哭悼齐庄公。

公元前 547 年，齐景公元年，晏子三十九岁，陪同齐景公、上卿国弱聘问晋国，修复与晋国的关系。同年，庆封诛灭崔氏，独擅朝政。

公元前 545 年，齐景公三年，晏子四十一岁，抗击崔庆逆行，被赏邶殿六十个邑，晏子拒绝。

公元前 544 年，齐景公四年，晏子四十二岁，季札见晏子，认为齐国国政未归属应该掌管国政的人手中之前，晏子需辞官免灾。晏子请辞，景公让辞政的晏子去治理阿邑。

公元前542年，齐景公六年，晏子四十四岁，晏子治理阿邑三年，社会安定，百姓乐业。但因得罪权门贵族而被诽谤，齐景公问责晏子，晏子恳请再治理三年阿邑。

公元前539年，齐景公九年，晏子四十七岁，又治理阿邑三年，赞誉之声传遍齐国。齐景公要赏晏子，晏子拒绝。晏子据实相告两次治理阿邑的真相，齐景公知道了晏子的贤德。

公元前537年，齐景公十一年，晏子四十九岁，出使楚国。

公元前536年，齐景公十二年，晏子五十岁，劝谏齐景公不要助燕惠公复国归位。

公元前532年，齐景公十六年，晏子五十四岁，田、鲍两家打败高、栾两家，并瓜分占有了他们的财产，晏子追回本属于公室的财产。

公元前522年，齐景公二十六年，晏子六十四岁，向齐景公提出和而不同的思想。

公元前516年，齐景公三十二年，晏子七十岁，齐国上空出现彗星，晏子劝谏景公修德，以避灾祸。同年，劝景公以礼治国。同年，晏子辞官。

公元前500年，齐景公四十八年，晏子八十六岁，卒。

# 参考文献

［1］（汉）司马迁.史记［M］.北京：中华书局，1982年.

［2］（秦）吕不韦.吕氏春秋［M］.北京：中华书局，1991年.

［3］（春秋）左丘明.国语［M］.长沙：岳麓书社，2015年.

［4］吕思勉.先秦史［M］.上海：上海古籍出版社，1982年.

［5］张纯一.晏子春秋校注［M］.北京：中华书局，1986年.

［6］应永深，等.春秋史话［M］.北京：中国青年出版社，
1982年.

［7］吴则虞.晏子春秋集释［M］.北京：中华书局，1982年.

［8］杨伯峻.春秋左传注［M］.北京：中华书局，1990年.

［9］新编晏子春秋［M］.王更生，校注.南京：国立编译馆，
2001年.

［10］晏子春秋全译［M］.李万寿，译注.贵阳：贵州人民
出版社，2009年.

［11］晏子春秋［M］.汤化，译注.北京：中华书局，2015年.

［12］岳德成，王述忠.晏子传［M］济南：山东人民出版社，

2017 年.

　[13] 高连欣，高亢.晏子传 [M].济南：泰山出版社，
2001 年.

# 后 记

展书品墨，悠悠历史长河，或金戈铁马，或出将入相，或才子佳人，或权谋社稷，一个个都是鲜活的生命。其中，不乏璀璨的先贤人杰。

只是，他们离我们有些遥远了，只能于文字间，了解他们绚丽多彩的故事。

阅读此书，你会看到一个身材不高、其貌不扬的晏子，如何用他的大智慧，成为齐国三朝元老，巧妙劝谏，明哲保身，品节高远，铁骨铮铮，定国安邦，有着常人难以企及的睿智和思维，辅佐昏庸平平的齐景公，稳定国家数十年，使齐国从一个濒临危难的国家，触底反弹，重新回到一线诸侯大国的行列。这离不开数十年如一日的晏子的劝谏，不断引导齐景公向善，广施仁政，规避许多穷奢极欲、穷兵黩武的念头，硬是开创了"景公复兴"这样的政通人和局面。

现在看来，就如同一个大人哄着一个巨婴，完成了家族事业的逆袭，晏子功不可没！

作为一个作者，写完一本书后，百感交集，似乎还停留在晏子的各种智慧的案例中不能自拔……当然，由于史料缺乏，材料不多，本人也借鉴了许多古籍译著、当代史家学者的研究成果，翻阅过后，受益良多。

希望这本书，也能成为星星之火，点燃大家对历史作品的热爱，对中华古之先贤的尊崇，那么，也就让笔者知足了。

江左辰

2023年6月